350 HARTE NÜSSE

FÜR SCHLAUE KÖPFE

Birgit Adam

350 HARTE NÜSSE

FÜR SCHLAUE KÖPFE

Weltbild

Impressum

Weltbild Buchverlag

Der Text dieses Buches folgt den neuen Regeln der deutschen Rechtschreibung.

Einbandgestaltung: Meissners COM Office, Augsburg
Illustrationen: Thomas Uhlig, Augsburg
Layout und Satz: CCG
Belichtung: Repro Mayr, Donauwörth
Druck und Bindung: Ebner Ulm

Printed in Germany

Gedruckt auf chlorfrei gebleichtem Papier

ISBN 3 – 89604 – 305 – 6

Inhaltsverzeichnis

Vorwort

„Was geht morgens auf vier Beinen, mittags auf zwei Beinen und abends auf drei Beinen?"
So lautet das wohl berühmteste Rätsel der Weltgeschichte. Es stammt aus der griechischen Mythologie, wo es von der Sphinx, einer Löwin mit Frauenoberkörper, einer großen Zahl von Ratern gestellt wurde. Beantworten konnte die Frage allein Ödipus, und so befreite er die Stadt Theben von der Herrschaft der Sphinx. „Der Mensch" lautet die Lösung, mit Morgen, Mittag und Abend sind die verschiedenen Lebensabschnitte gemeint. Rätsel sind also so alt wie die Menschheit selbst und damals wie heute bereiten sie jedem, der sich auf sie einlässt, Kopfzerbrechen. Wer der Sphinx nicht die richtige Antwort auf ihre Frage geben konnte, wurde von dem Untier unbarmherzig zerfleischt. Zum Glück braucht der Leser dieses Buches ein solches Schicksal nicht zu fürchten!
Ziel der Denksportaufgaben ist es nicht, gelerntes Wissen abzufragen, das die Rater lediglich aus den hinteren Winkeln ihres Gedächtnisses hervorkramen und herunterspulen müssen, sie wollen vielmehr die „grauen Zellen" der Rätselfreunde ansprechen und arbeiten lassen. Die Denksportaufgaben sind zwar ohne große Spezialkenntnisse zu lösen, erfordern dafür aber eine ganz bestimmte Denkweise, das sogenannte Um-die-Ecke-Denken. Rätselfreunde müssen die Probleme von verschiedenen Seiten her angehen, der erste offensichtliche Lösungsweg ist keineswegs immer der richtige. Die Aufgaben appellieren daher vor allem an das logische Denkvermögen

der Ratenden, aber auch an Sprachgefühl und Sprachgewandtheit, räumliches Vorstellungsvermögen, Kombinationsgabe sowie die Fähigkeit, Texte aufmerksam zu lesen.
Und sollte ein Ratefuchs einmal über der Lösung einer Aufgabe verzweifeln, so kann er sich mit den Worten des Sokrates trösten, der schon im fünften Jahrhundert vor Christus zu der weisen Erkenntnis gelangte: „Ich weiß, dass ich nichts weiß."
In diesem Sinne: Viel Spaß beim Denken und Puzzlen!

Birgit Adam

1. Scherz- und Fangfragen

„Wie viele Erbsen gehen in einen Topf?", ist eine bekannte Frage dieser Kategorie. „Überhaupt keine, denn Erbsen können nicht gehen", lautet die fast ebenso geläufige Antwort.

Bei der Lösung der Rätsel in diesem Kapitel ist nicht nur „Um-die-Ecke-Denken" gefragt, sondern vor allem eine gute Prise Humor.

1. Welches ist der beste Rat?

2. Warum essen Chinesen mehr Reis als Japaner?

3. Warum sind die Schotten die mutigsten Männer?

4. Was ist tagsüber leer und während der Nacht voll?

5. Woher kommt eine Ente, die auf der Höhe von Paris die Seine hinunterschwimmt?

6. Wo hat der Rauch seinen Anfang und das Feuer sein Ende?

7. Welche Vögel, die aus Eiern schlüpfen, legen selbst keine Eier?

8. Was ist das? Es hat keine Flügel und fliegt doch, es hat keinen Schnabel und beißt doch.

9. Ein ICE fährt von München nach Hamburg. Genau 90 Minuten später verlässt ein anderer ICE Hamburg in Richtung München. Beide Züge fahren gleich schnell. Welcher der beiden Züge ist nun näher an München, wenn sie sich treffen?

10. Wo sagen sich Fuchs und Hase gute Nacht?

11. Was brennt Tag und Nacht und verbrennt doch nicht?

12. Es gibt eine olympische Sportart, bei der der Ball nie den Boden berührt. Welche Sportart ist das?

13. Auch wenn es draußen noch so kalt ist, darf in dieser Behausung nicht geheizt werden. Was für eine Behausung ist das?

14. Was ist das? Ohne Waschen ist es sauber. Ja, es wird sogar gerade durch das Waschen schmutzig.

15. Was ist das? Im Sommer ist es bekleidet, im Winter nackt.

16. Welches Wort wird immer falsch geschrieben?

17. Auf dem Taxiplatz vor dem Münchner Hauptbahnhof stehen 17 Taxis. Die ersten drei fahren weg. Wie viele Taxis bleiben stehen?

18. Herr Schmidt und Herr Huber bewohnen ein Zweifamilienhaus. Die beiden Nachbarn sind sich spinnefeind. Deshalb haben sie die Einfahrt zu ihrem Haus mit einer Linie unterteilt, die genau festlegt, wer welchen Bereich zu kehren hat. Eines Tages legt nun ein Hahn genau auf diese Linie ein Ei. Wem gehört es?

19. Was setzt ein Mann als Erstes in seinen Garten?

20. Welche Krankheit kennt man auf dem Lande nicht?

21. Was haben die Einwohner von Berlin, London und Stockholm gemeinsam, die von New York, München und Prag aber nicht?

22. Wie viel gibt 4 + 5 und ein Nachtwächter?

23. Herr Schmidt behauptet, er sei beim Kirschen pflücken von einer sechs Meter hohen Leiter gefallen, ohne sich zu verletzen. Ist das möglich?

24. Kann man eine lebendige Katze in einem leeren Sack wegtragen?

25. Warum sind die größten Leute die faulsten?

26. Welche Bilder kann man nur im Dunkeln sehen?

27. Welches Kind kommt mit einem Schnurrbart auf die Welt?

28. Darf ein Chinese, vorausgesetzt er ist volljährig, die Schwiegermutter seiner einzigen Schwiegertochter heiraten?

29. Eine Taube kann eher einen Scheffel Hafer fressen als ein Pferd. Stimmt das?

30. Warum hebt der Storch ein Bein, wenn er sich ausruhen will?

31. Der 14. Juli ist der französische Nationalfeiertag. Gibt es diesen Tag auch in Amerika?

32. Tom will den dunklen Keller im Haus seines Großvaters erforschen. Er hat eine Kerze und eine Petroleumlampe dabei. Was soll er zuerst anzünden?

33. Zwei Frauen, zwei Männer und zwei Kinder machen einen Sonntagsausflug in den Zoo. Eine Frau allein braucht für einen Rundgang zwei Stunden. Wie lange braucht die ganze Gruppe?

34. Annas Mama malt manchmal Bananen blau an. Wie viele „a" hat das?

35. Was für Steine findet man im Ärmelkanal?

36. Was ist mitten in Paris?

37. In welchem Monat essen die Chinesen am wenigsten?

38. Gibt es fünf aufeinander folgende Wochentage, in denen kein „a" vorkommt?

39. Welches Getränk kostet heute noch genauso viel wie vor fünfzig Jahren?

40. Je mehr man davon isst, desto mehr bleibt übrig. Um welche Speise handelt es sich?

41. Was ist das? Es kommt jeden Tag zu dir und dennoch bekommst du es nie zu sehen.

42. Braucht man für einen Grenzübertritt an der italienisch-deutschen Grenze einen Reisepass oder genügt der Personalausweis?

43. Wann spricht jeder auf der ganzen Welt die gleiche Sprache?

44. Ein Ei braucht acht Minuten, um ganz hart zu werden. Wie lange brauchen fünf Eier?

45. Was ist das? Die Kirchturmuhr schlägt zwölfmal und zur gleichen Zeit fliegt die Türe zu.

46. Ist es möglich, dass in einer Millionenstadt wie London mindestens zwei Menschen genau gleich viele Haare auf dem Kopf haben?

47. Zwei deutsche Münzen sind zusammen 60 Pfennig wert, aber eine der beiden Münzen ist kein 50-Pfennig-Stück. Um welche Münzen handelt es sich?

48. Wenn zehn Männer zehn Tage brauchen, um zehn Löcher zu graben, wie lange braucht dann ein Mann, um ein halbes Loch zu graben?

49. Fünfzehn Spatzen sitzen auf einem Baum. Ein Jäger schießt vier von ihnen herunter. Wie viele Spatzen bleiben dann noch sitzen?

50. Was ist 3 hoch 1 (3^1)?

51. In welchem europäischen Land ist es verboten, Heu zu mähen?

52. Welches Laub wächst nicht, sondern wird immer kleiner?

53. Niemand kann sagen, wer ich bin, nur ich selbst. Was ist das?

54. Wer hat so viele Augen wie das Jahr Tage hat?

55. Was geht über die ganze Welt und bleibt doch, wo es ist?

56. Was will jeder Mensch werden, aber niemand sein?

57. Wer kann alle Sprachen sprechen?

58. Die chinesische Mauer ist das größte Bauwerk auf der Erde, sie ist etwa 2.500 Kilometer lang, durchschnittlich zehn Meter hoch und sechs Meter dick. Angenommen, ein Kubikmeter Mauer wiegt fünf Tonnen, um wie viel würde dann das Gewicht der Erde abnehmen, wenn man die chinesische Mauer abtragen würde?

59. Mit welchem Fluss kann man sogar Tränen trocknen?

60. Roh findet man es nicht, aber gekocht darf man es nicht essen. Was ist das?

61. Wer geht mit mir baden und wird nicht nass?

62. Eine Elektrolok fährt mit einer Geschwindigkeit von 100 km/h genau von Westen nach Osten. Der Wind bläst mit 50 km/h aus Osten. Wohin weht der Rauch?

63. Wie heißt es richtig: 8 mal 13 ist 103 oder 8 mal 13 sind 103?

64. Was war am 6.12.1939?

65. Wenn zwei ein Paar sind und drei eine Gruppe, was sind dann vier und fünf?

66. Was passiert, wenn ein Schuh um Mitternacht des 31. Dezembers in die Donau fällt?

67. Kann ein Mann, der südlich von Hamburg lebt, nördlich der Donau begraben sein?

68. Wie kann man ein rohes Ei einen Meter tief fallen lassen, ohne dass es zerbricht?

69. Wie kann man Wasser in einem Sieb tragen?

70. Wann fällt ein Butterbrot nicht auf die bestrichene Seite?

71. Wie viele Kubikmeter Erde sind in einem Loch, das drei Meter lang, vier Meter breit und zwei Meter tief ist?

72. In welche Gläser kann man am besten einschenken?

73. Welche zwei Speisen kann man nicht zum Frühstück essen?

74. Welches Abführmittel ist eisenhaltig?

75. Welche Tiere fehlten in der Arche Noah?

76. Welcher Vogel sieht dem Storch am ähnlichsten?

77. Welcher Löwe konnte so laut brüllen, dass es alle Menschen auf der Welt gehört haben?

78. Was wird immer nasser, während es trocknet?

79. Wer fischt besser, die Sachsen oder die Engländer?

80. Wer lebt vom Rauch?

81. Welche Frage kann niemand mit „Nein" beantworten?

82. Was macht ein Engländer, wenn er in der Wüste eine Schlange sieht?

83. Großwildjäger Brüll ist mitten in der Wüste. Plötzlich stehen ein Löwe und ein Jaguar vor ihm. Mit Entsetzen muss Brüll feststellen, dass er nur noch eine einzige Patrone im Lauf hat. Was soll er tun?

84. Was denkt ein Schornsteinfeger, wenn er über einen Zebrastreifen geht?

85. Herr Müller sitzt beim Frühstück vor einer Tasse Kaffee. Als er die Zeitung aufschlagen will, rutscht ihm sein Ehering vom Finger und fällt direkt in den Kaffee. Trotzdem wird der Ring nicht nass. Wie geht das?

86. Welches Tier hat immer einen Kamm bei sich, obwohl es keine Haare hat?

87. Was ist schwärzer als der Rabe?

88. Wie kann eine Ameise einen Fluss überqueren?

89. Ruft der Kuckuck vor Pfingsten oder nach Pfingsten?

90. Warum frisst ein richtiger Deutscher Schäferhund die Wurst nie mit der Haut?

91. Warum schneiden Friseure in München lieber fünf dicken Frauen die Haare als einer dünnen?

92. Wie viele Eier konnte Odysseus nüchtern essen?

93. Was für Haare hatten die alten Griechen?

94. Herr Schmidt gibt mit seinem neuen Auto an: „Es hat wunderschöne und bequeme Ledersitze, Airbag, Zentralverriegelung – kurz gesagt, einfach alles, was ein Auto so braucht. Und viel geräumiger als mein alter Wagen ist es auch. Zwanzig Leute habe ich schon damit nach Hause gefahren." Ist das möglich?

95. Was steht mitten im Feuer, verbrennt aber trotzdem nicht?

96. Welcher Fall tut nicht weh?

97. Herr Schmidt geht mit einer Durchschnittsgeschwindigkeit von vier Kilometern pro Stunde spazieren. Ein drei Kilometer langer Weg führt durch einen drei Kilometer tiefen Wald. Wie weit kann Herr Schmidt in einer halben Stunde in den Wald hineingehen?

98. Erhält ein Nachtwächter seine volle Rente, wenn er bei Tage stirbt?

99. Welche Schuhe zerreißen nie an den Füßen?

100. Wie nennt man einen verheirateten Beamten mit fünf Kindern?

101. Was ist mehr wert: ein Pfund 5-Dollar-Münzen aus Gold oder ein halbes Pfund 10-Dollar-Münzen aus Gold?

102. Was schlägt ohne Hände?

103. Was bin ich? Voll oder leer bin ich gleich schwer.

104. In welchem Fall ist 3 x 3 = 10?

105. Wie fangen alle schottischen Kochrezepte an?

106. Ist es besser, Kaffee oder Tee mit der linken oder mit der rechten Hand umzurühren?

107. Ist dieser Satz richtig? Paris schreibt man vorne mit „P" und hinten mit „h"?

108. Auch in diesem Kapitel wird manchmal gerechnet: Acht Schornsteine minus drei Schornsteine plus elf Schornsteine minus neun Schornsteine. – Was kommt da heraus?

109. Was kommt einer Katze am nächsten, die ihre Nase ans Fenster drückt und einen Vogel im Garten beobachtet?

110. Noch eine Rechenaufgabe: Frau Schmidt hat drei Kinder, zwei Söhne und eine Tochter. Auf dem Markt kauft sie eine Melone, sieben Äpfel, acht Birnen, elf Pflaumen und drei Orangen. Wie kann sie diese Früchte gerecht unter ihren Kindern aufteilen, ohne dass ein Kind benachteiligt wird?

111. In einer Fernsehserie spielte einmal ein sprechender Hund mit. Wie hieß er?

112. Welches ist das älteste Musikinstrument?

113. Eine merkwürdige Person: Wer ist eines Vaters Kind, einer Mutter Kind und doch keines Menschen Sohn?

114. Ein Rätsel: Eine Frau mit rot gefärbten Haaren trägt einen Pelzmantel. Sie geht mit ihrem Pekinesen an der Leine spazieren. In welcher Stadt spielt diese Geschichte?

115. Was ist das? Jedermann liebt mich jederzeit, aber niemand kann mir ins Gesicht sehen.

116. Wer ist gestorben, aber nicht geboren?

117. Wenn Ihnen – etwa bei einer der Rätselaufgaben in diesem Buch – ein Satz spanisch vorkommt, was tun Sie dann?

118. Was ist das? Weiß wirft man es vom Dach und gelb kommt es unten an.

119. Was für Haare hat ein achtjähriger einäugiger und humpelnder Kater?

Gemeinsamkeiten und Unterschiede

120. Was haben ein Buch und ein Teppich gemeinsam?

121. Was haben ein Zahnarzt und ein Feigling gemeinsam?

122. Was ist der Unterschied zwischen einem Polizisten und Schokolade?

123. Was ist der Unterschied zwischen einem Chemiker und einer Hebamme?

124. Was ist der Unterschied zwischen einem Bergsteiger und einem Apotheker?

125. Was haben ein Arzt und eine Telefonistin gemeinsam?

126. Was ist der Unterschied zwischen einem Zimmermädchen und einem Reisenden?

127. Was haben ein Kuss und ein böses Gerücht gemeinsam?

128. Was ist der Unterschied zwischen einem Einbruch und einem Beinbruch?

129. Was haben eine gestohlene Uhr und ein Findelkind gemeinsam?

130. Was ist der Unterschied zwischen einem Arzt und einem Dieb?

131. Worin besteht der Unterschied zwischen einem Floh und einer Katze?

2. Klassiker

Wer weiß schon, dass so manch ein berühmter Schriftsteller nicht nur damit beschäftigt war, unsterbliche Werke der Weltliteratur zu Papier zu bringen, sondern seinen Verstand zugleich auch an Rätseln geschärft hat? Die Früchte dieser zu Unrecht nur wenig bekannten Arbeit sind in diesem Kapitel zu finden.

1. Mein Körper ist von Holz, sehr leicht zu brechen,
Mein Herz kann ohne Stimme zu euch sprechen.
(Johann Peter Hebel)

2. Ich hab' ein weites Maul,
Zum Trinken niemals faul,
Jedoch mein Hals ist schmal,
Den muß ich jedesmal,
Bekomm' ich was zu schmecken,
In einen andern stecken;
So kommt mein Trinken auch
Zugut' dem fremden Bauch.
Mein Trost ist: Jenem bricht
Man oft den Hals, mir nicht.
(Wilhelm Hauff)

3. Auf einer großen Weide gehen
Viel tausend Schafe silberweiß,
Wie wir sie heute wandeln sehen,
Sah sie der allerälteste Greis.

Sie altern nie und trinken Leben
Aus einem unerschöpften Born,
Ein Hirt ist ihnen zugegeben
Mit schön gebognem Silberhorn.

Er treibt sie aus zu goldnen Toren,
Er überzählt sie jede Nacht
Und hat der Lämmer keins verloren,
Sooft er auch den Weg vollbracht.

Ein treuer Hund hilft sie ihn leiten,
Ein muntrer Widder geht voran.
Die Herde, kannst du sie mir deuten?
Und auch den Hirten zeig mir an.
(Friedrich Schiller)

4. Durch Höll' und Himmel erklingt's wie ein Hauch,
Und im heimlichen Pulsschlag vernimmst du es auch;
Es schwebt bei den Horen zuvorderst in Reih'n,
Und was hoch ist und herrlich, das schließet es ein.
Aus der Lohe, der wehenden, winkt es dir zu,
Und es schärft sich im Licht und erstirbt in der Ruh'.

Dem Gedanken versagt sich's, nicht faßt's der Verstand,
Doch in Blindheit ergreif's, und du hast's in der Hand;
Sanft schwellt's dein Gefühl und vollendet dein Ich,
Und zu Erz wird dein Herz, wenn es treulos entwich.
(Emmanuel Geibel)

5

5. Wie heißt das Ding, das wen'ge schätzen?
Es ziert des größten Kaisers Hand,
Es ist gemacht, um zu verletzen,
Am nächsten ist's dem Schwert verwandt.
Kein Blut vergießt's und macht doch tausend Wunden,
Niemand beraubt's und macht doch reich;
Es hat den Erdkreis überwunden,
Es macht das Leben sanft und reich.
Die größten Reiche hat's gegründet,
Die ält'sten Städte hat's erbaut;
Doch niemals hat es Krieg entzündet,
Und Heil dem Volk, das ihm vertraut.
(Friedrich Schiller)

6

6. Die besten Freunde, die wir haben,
Sie kommen nur mit Schmerzen an,
Und was sie uns für Weh getan,
Ist fast so groß wie ihre Gaben;
Und wenn sie wieder Abschied nehmen,
Muß man zu Schmerzen sich bequemen.
(Johann Wolfgang von Goethe)

7

7. Von Perlen baut sich eine Brücke
Hoch über einen grauen See;
Sie baut sich auf im Augenblicke,
Und schwindelnd steigt sie in die Höh'.
Der höchsten Schiffe höchste Masten
Ziehn unter ihrem Bogen hin,
Sie selber trug noch keine Lasten
Und scheint, wie du ihr nahst, zu fliehn.
Sie wird erst mit dem Strom und schwindet,
So wie des Wassers Flut versiegt.
So sprich, wo sich die Brücke findet
Und wer sie künstlich hat gefügt?
(Friedrich Schiller)

8

8. Ein Bruder ist's von vielen Brüdern,
In allem ihnen völlig gleich,
Ein nötig Glied von vielen Gliedern
In eines großen Vaters Reich;
Jedoch erblickt man ihn nur selten,
Fast wie ein eingeschoben Kind;
Die andern lassen ihn nur gelten,
Da wo sie unvermögend sind.
(Johann Wolfgang von Goethe)

9

9. Zwei Eimer sieht man auf und ab
In einem Brunnen steigen,
Und schwebt der eine voll herauf,

Muß sich der andre neigen.
Sie wandern rastlos hin und her,
Abwechselnd wieder voll und leer,
Und bringst du diesen an den Mund,
Hängt jener in dem tiefsten Grund.
Nie können sie mit ihren Gaben
Im gleichen Augenblick dich laben.
(Friedrich Schiller)

10. Wir sind's gewiß in vielen Dingen,
Im Tode sind wir's nimmermehr;
Die sind's, die wir zu Grabe bringen,
Und eben diese sind's nicht mehr.
Denn weil wir leben, sind wir's eben
Von Geist und Angesicht;
Und weil wir leben, sind wir's eben
Zur Zeit noch nicht.
(Friedrich Schleiermacher)

11. Kennst du das Bild auf zartem Grunde?
Es gibt sich selber Licht und Glanz.
Ein andres ist's zu jeder Stunde,
Und immer ist es frisch und ganz.

Im engsten Raum ist's ausgeführet,
Der kleinste Rahmen fasst es ein;
Doch alle Größe, die dich rühret,
Kennst du durch dieses Bild allein.

Und kannst du den Kristall mir nennen?
Ihm gleicht an Wert kein Edelstein,
Er leuchtet, ohne je zu brennen,
Das ganze Weltall saugt er ein.

Der Himmel selbst ist abgemalet,
In seinem wundervollen Ring;
Und doch ist, was er von sich strahlet,
Noch schöner, als was er empfing.
(Friedrich Schiller)

12

12. Der Baum, auf dem die Kinder
Der Sterblichen verblühn,
Steinalt, nichts destominder
Stets wieder jung und grün;
Er kehrt auf einer Seite
Die Blätter zu dem Licht;
Doch kohlschwarz ist die zweite
Und sieht die Sonne nicht.
Er setzet neue Ringe,
Sooft er blühet, an.
Das Alter aller Dinge
Zeigt er den Menschen an.
In seinen grünen Rinden
Drückt sich ein Name leicht,
Der nicht mehr ist zu finden,
Wenn sie verdorrt und bleicht.
So sprich, kannst du ergründen,

Was diesem Baume gleicht?
(Friedrich Schiller)

13. Ein Gebäude steht da von uralten Zeiten,
Es ist kein Tempel, es ist kein Haus.
Ein Reiter kann hundert Tage reiten,
Er umwandert es nicht, er reitet's nicht aus.

Jahrhunderte sind vorübergeflogen,
Es trotzt der Zeit und der Stürme Heer;
Frei steht es unter dem himmlischen Bogen,
Es reicht in die Wolken, es netzt sich im Meer.

Nicht eitle Prahlsucht hat es getürmt,
Es dienet dem Heil, es rettet und schirmt;
Seinesgleichen ist nicht auf Erden bekannt,
Und doch ist das Werk von Menschenhand.
(Friedrich Schiller)

14. Unter allen Schlangen ist eine,
Auf Erden nicht gezeugt,
Mit der an Schnelle keine,
An Wut sich keine vergleicht.

Sie stürzt mit furchtbarer Stimme
Auf ihren Raub sich los,
Vertilgt in ihrem Grimme
Den Reiter und sein Roß.

Sie liebt die höchsten Spitzen,
Nicht Schloß, nicht Riegel kann
Vor ihrem Anfall schützen;
Der Harnisch – lockt sie an.

Sie bricht gleich dünnen Halmen
Die Bäume oft entzwei;
Sie kann das Erz zermalmen,
Wie dicht und fest es sei.

Und dieses Ungeheuer
Hat zweimal nie gedroht –
Es stirbt im eigenen Feuer,
Wie's tötet, ist es tot.
(Friedrich Schiller)

15. Gleichen Stamms mit Schwert und Lanze,
Gleicher Art mit Klau' und Horn,
Ist geschmiedet, ist gewachsen
Wie am Rosenzweig der Dorn,
Wie der Sporn am Reiterfuße,
Wie am Hahnenfuß der Sporn;
Seine Spitze hat er unten,
Seine Schärfe hat er vorn;
Kluge treffen auf den Kopf ihn,
Mädchen brauchen ihn im Zorn,
Und der Trinker prüfet an ihm
Den geleerten Nektarborn.
(Friedrich Rückert)

16. Kein Kluger hält mich für gering,
Ich bin ein unverträglich Ding;
Drum bringt mich nicht in eure Taschen,
Wollt ihr noch etwas drin erhaschen,
Sonst fress' ich's weg und werde doch nicht satt.
Ich fresse immer mehr, je länger man mich hat.
(Johann Peter Hebel)

17. Kennst du das Wort, das Herzen ewig bindet,
Kennst du der Liebe trauliches Symbol,
Das feste Band, das sich um Freunde windet,
Des Fürsten Heil, des Vaterlandes Wohl?
An Stärke muß ihm Stahl und Eisen weichen,
Doch hat es einen mächt'gen stillen Feind;
Streichst du des hohen Wortes erstes Zeichen,
Hast du die finstre Macht, die ich gemeint.
Solang die Welt steht, liegen diese beiden
Im Kampf um höchstes Leid und höchste Lust.
Halt fest am Ganzen, laß sie nimmer streiten
In deiner stillen und zufriednen Brust.
(Wilhelm Hauff)

18. Verfertigt ist's vor langer Zeit,
Doch mehrenteils gemacht erst heut.
Höchst schätzbar ist es seinem Herrn,
Und dennoch hütet's niemand gern.
(Gottfried August Bürger)

19. Man kauft mich teuer, legt mich dann aufs Stroh.
Verliert man mich, so ist man herzlich froh,
Schreibt mich nicht aus. In zweifelhafter Wahl
Kauft man mich lieber noch einmal.
(Johann Peter Hebel)

20. Arabia ist mein Vaterland,
In Deutschland werd ich braun gebrannt,
In einer Mühle klein gemahlen,
Dann fühl ich heißen Wassers Qualen,
Zuletzt gießt man noch Milch mir zu,
Trinkt mich und raucht Tabak dazu.
(Johann Peter Hebel)

21. Nimm mir ein Nu, so bleib ich ein Nu.
(Friedrich Schleiermacher)

22. Es ist der Name einer Frucht,
Die zwar dem Auge wohl behagt;
Doch wo sie sich dem Ohr vereint,
Da wird darüber nur geklagt;
Und wer sich die gefallen läßt,
Der ist das, was der Name sagt.
(Friedrich Rückert)

23. Was geschlechtslos in Staunen setzt,
Ist als Mann am Leib verletzt.
(Friedrich Rückert)

24. Sieh, welch ein Dreister
Und Weitgereister!
Mit Vögeln fliegt er,
Mit Schiffen kreist er;
Sodann beschreibend
Die Welt dir weist er,
Wenn auf den Blättern
Ihn lenkt ein Meister.
Den Westen kennt er,
Den Osten preist er;
Mit Süd umglüht er,
Mit Nord umeist er.
Bald rührt und schmelzt er,
Bald scherzt und beißt er;
Mit Wundern spielt er,
Mit Rätseln speist er.
Er schafft Gestalten
Und wecket Geister;
Wenn eure wach sind,
So sagt, wie heißt er?
(Friedrich Rückert)

25. Ich bin ein blasend Instrument,
Das jeder hat und jeder kennt,
Womit auch jeder manchmal musiziert,
Wenn ihn nicht fremde Gegenwart geniert.
Doch denkt nichts Arges, meine lieben Herrn,
Ihr küßt mich an den Mädchen gern!
(Johann Peter Hebel)

Scharaden

waren im 19. Jahrhundert eine beliebte Form des Worträtsels. Vom Scharadensteller werden die Bestandteile des Wortes beschrieben und dann das zusammengesetzte Wort als Ganzes.

26. Mein erstes ist nicht wenig,
Mein zweites ist nicht schwer,
Mein Ganzes läßt dich hoffen,
Doch hoffe nicht zu sehr.
(Friedrich Schleiermacher)

27. Mein erstes ist das zweite,
Mein zweites ist das erste,
Das Ganze ist jeder Teil,
Jeder Teil ist das Ganze.
(Franz Grillparzer)

28. Mein erstes ist ja nicht die Sonne,
Mein zweites ist die Wahrheit nicht,
Drum geb ich oft nur trügerische Wonne
Und stets ein ungewisses Licht.
(Friedrich Schleiermacher)

29. Das erste glüht' die Sonne, so ward es mild und zart,
Das zweite glüht' im Feuer und wurde spröd und hart;
Das Ganze faßt, was neue Glut
Ergießt in euer Blut.
(Friedrich Schleiermacher)

3. Mathematische Rätsel und Zahlenrätsel

sind Rätsel, bei denen der Rater nicht nur logisch denken, sondern auch rechnen muss.

So wird eine Rechenaufgabe in ein neues Gewand verpackt, das einen einfachen Rechenvorgang nicht mehr ganz so leicht aussehen lässt.

Leichte Rätsel

1. Einfache Teilung

Hier erst einmal eine kleine Aufgabe zum Warmdenken: Teilen Sie vierzig durch ein halb und addieren Sie zehn!

2. Sportlich (1)

Franz ist begeisterter Jogger. Eines Tages trifft er bei seinem täglichen Morgendauerlauf seinen Kumpel Fritz. Begeistert von der sportlichen Aktivität seines Freundes fragt ihn dieser: „Wie viel läufst du denn so jeden Tag?" – „Trainiere du lieber einmal deine grauen Zellen. Deshalb werde ich dir jetzt eine Rechenaufgabe stellen. Ich lege jeden Tag fünf Kilometer und die Hälfte der Gesamtstrecke zurück." Wie weit läuft Franz also jeden Tag?

3

3. Sportlich (2)

Herr Schmidt und Herr Maier sind beide begeisterte Tennisspieler. Besonders stolz sind sie auf ihre Ausrüstung, für jeden Bodenbelag besitzen sie die passenden Schläger. Herr Huber will es ganz genau wissen: „Wie viele Schläger haben Sie denn nun?" – „Würde ich Herrn Maier einen meiner Schläger abgeben, so hätten wir beide gleich viele, würde er aber mir einen abgeben, so hätte ich doppelt so viele Schläger wie Herr Maier", entgegnet Herr Schmidt. Wie viele Tennisschläger besitzen die beiden?

4

4. Geheimnisvolle Tausend (1)

Die Zahl 1000 kann man durch achtmal die Ziffer 8 darstellen. Wie geht das?

5

5. Auf Schnäppchenjagd

Vor Weihnachten finden sich immer Sonderangebote in den großen Kaufhäusern der Stadt. Frau Schmidt will einen Kassettenrekorder kaufen, dazu gibt es gleich zwei Volksmusikkassetten für zusammen 85 Mark. Da Frau Schmidt aber keine Volksmusik mag, fragt sie die Verkäuferin, wie viel der Rekorder ohne die Kassetten kostet. Diese entgegnet: „Der Kassettenrekorder selbst ist um 75 Mark teurer als die Kassetten." Wie viel kostet er also?

6

6. Auf Geschäftsreise

Zwei Geschäftsleute sitzen nebeneinander im Flugzeug Frankfurt – New York. Einer der beiden kommt aus Frankfurt, der andere aus New York. Sie unterhalten sich und beginnen nachzurechnen, wie oft sie die Strecke schon geflogen sind. Der eine sagt: „Ich bin diese Strecke schon 21 Mal geflogen." Der andere entgegnet: „Ich fliege sie heute zum 28. Mal." Welcher der beiden Geschäftsleute ist aus New York?

7. Markttag (1)

Bauer Lustig kommt vom Wochenmarkt nach Hause, wo er Kürbisse verkauft hat. Leider lief das Geschäft nicht besonders gut und er konnte nur die Hälfte seiner Kürbisse und dazu noch einen halben Kürbis verkaufen. Trotzdem blieb ihm nur ein Kürbis übrig. Wie viele Kürbisse hatte Bauer Lustig ursprünglich?

8. Markttag (2)

Heute verkauft Bauer Lustig Kohlköpfe. Seine Frau fährt dieses Mal mit zum Markt, da sie die Rechnerei leid ist und sich mit eigenen Augen vergewissern will, wie viele Kohlköpfe ihr Mann verkauft. Doch zu früh gefreut! Als sie wissen will, wie viele Kohlköpfe Bauer Lustig dabei hat, antwortet dieser: „Zwei Drittel der Kohlköpfe auf dem Anhänger sind genau fünf mehr als die Hälfte." Wie viele Kohlköpfe befinden sich auf dem Anhänger?

9. Geheimnisvolle Tausend (2)

Wie kann man 1.000 ohne Nullen, aber dennoch mit lauter gleichen Ziffern schreiben?

10. Rätselhaftes Alter

Susi Schmidt ist 15 Jahre alt, ihre Mutter ist dreimal so alt wie sie. In wie viel Jahren ist Frau Schmidt nur noch doppelt so alt wie Susi?

11. Der unerwünschte Verehrer

Anna sitzt in einem Straßencafé und will gerade an ihrer Tasse Cappuccino nippen, als sie plötzlich von einem Mann angesprochen wird. „Na, schöne Frau, darf ich fragen, wie alt Sie sind?" Anna ist schockiert: So etwas fragt man eine Dame schließlich nicht! Um den unerwünschten Verehrer so schnell wie möglich loszuwerden, antwortet sie: „Vor fünf Jahren war ich fünfmal so alt wie meine Katze, jetzt bin ich aber nur noch dreimal so alt." Wie alt ist Anna?

12. Die unheilvolle Dreizehn

Welche beiden ganzen Zahlen ergeben genau 13, wenn man sie multipliziert?

13. Bauer Wichtig und seine Tiere (1)

Bauer Wichtig gibt gerne damit an, wie viele Tiere er auf seinem Hof hat. Bauer Lustig will es ganz genau wissen: „Also, wie viele Hühner haben Sie denn nun?" – „Wenn man die Köpfe und Beine aller meiner Hühner zusammenzählt, erhält man 312", bekommt er zur Antwort. Diese Aussage bereitet seinem Freund einiges Kopfzerbrechen. Wie viele Hühner hat Bauer Wichtig?

14. Rechenzauber

Welches Zeichen muss man zwischen die Zahlen 7 und 8 setzen, damit das Ergebnis größer als 7, aber kleiner als 8 wird?

15. Rätselhafte Verkleinerung

Wie kann man die Zahl 99 um ein Drittel kleiner machen ohne etwas wegzunehmen?

16. Obstkorb

Wenn man aus einem Korb mit 23 Birnen sechs herausnimmt, wie viele Birnen hat man dann?

17. So eine Schneiderei!

Frau Müller arbeitet in einem großen Stoffgeschäft. Eines Tages verlangt eine Kundin 100 Meter roten Samt. „Ach, könnten Sie mir den Stoff gleich in einen Meter lange Stücke schneiden?“, fragt die Kundin. „Wissen Sie, ich arbeite nämlich für eine Puppenfirma und muss 100 Puppen einkleiden.“ Frau Müller schluckt: „Da muss ich ja 100 Schnitte machen.“ Sie macht sich an die Arbeit. Wie viele Schnitte muss Frau Müller jedoch tatsächlich machen?

18. Schneckentempo

Eine Schnecke ist in einen 10,5 Meter tiefen Brunnen gefallen und versucht nun mühsam, sich zu befreien. Pro Tag kriecht sie genau zwei Meter nach oben, im Schlaf rutscht sie jedoch wieder einen Meter nach unten zurück. Wie lange braucht die Schnecke, um aus dem Brunnen herauszukommen?

19. Geheimnisvolle Fünf (1)

Wie kann man die Zahl 56 durch sechs Fünfer darstellen?

20. Uhrenvergleich

Herr Schmidt hat zwei Uhren, die beide die richtige Zeit anzeigen und genau gehen. Eine der Uhren verleiht er nun an seinen Kollegen Maier, der jedoch die Uhrzeit verstellt. Als Herr Schmidt seine Uhr wieder zurückbekommt, zeigt sie fünf Minuten nach halb acht an. Auf der anderen, immer noch richtig gehenden Uhr ist es dagegen zehn Minuten nach zwölf. Wie spät ist es, wenn die verliehene Uhr elf Uhr anzeigt?

21. Das Klassentreffen

Bei einem Klassentreffen trifft Frau Sonntag viele ihrer alten Schulfreundinnen wieder. Immer wieder muss sie über das Alter ihrer Kinder Auskunft geben. Schließlich wird es ihr zu bunt und sie beginnt, in Rätselform zu antworten: „Michaela ist doppelt so alt wie Michael. Und in fünf Jahren ist Michael dann so alt, wie Michaela jetzt ist." Wie alt sind Frau Sonntags Kinder heute?

22. Knapp bei Kasse

Tom geht mit seinen Freunden ins Kino. Anschließend wollen diese noch essen gehen, aber Tom ist wieder einmal knapp bei Kasse und möchte deshalb lieber nach Hause. „Wie viel Geld hast du denn noch?", fragt sein Freund Tim. „Wenn ich dreimal so viel Geld bei mir hätte, wie ich tatsächlich habe, und dann noch 11 Mark, so hätte ich 50 Mark", erhält er als Antwort. Wie viel Geld hat Tom also?

23. Heuhaufen

Wie viel ergeben drei Heuhaufen und vier Heuhaufen zusammen?

24. Gerechte Teilung

Tim und Tom haben von ihrem Vater 50 Mark bekommen. Nun sollen sie diese so teilen, dass Tim eine Mark mehr als Tom bekommt. Wie können sie das schaffen?

25. Der sparsame Raucher

Herr Schmidt ist starker Raucher, am liebsten raucht er selbstgedrehte Zigaretten. Für jede braucht er fünf Minuten und hebt sich dann den Stummel auf. Aus vier Stummeln dreht er wiederum eine neue Zigarette. Herr Schmidt hat heute schon 16 Stummel gesammelt. Wie lange kann er mit diesen Stummeln noch rauchen?

26. Der Schuldschein

Markus hat seit zwei Wochen den Führerschein und will sich gleich ein eigenes Auto kaufen. Schließlich möchte er in den Sommerferien nach Italien fahren, und mit dem Auto ist man nun einmal unabhängiger. Er erhält ein tolles Angebot, doch leider fehlen ihm noch 1.000 Mark zur Kaufsumme. Seine Eltern schalten auf stur, deshalb beschließt er einen Kredit bei Herrn Wucher aufzunehmen. Dieser vereinbart mit ihm monatliche Rückzahlungsraten. Nach einem Monat soll Markus 500 Mark zurückzahlen, nach dem zweiten 250 Mark, nach dem dritten 125 Mark usw. Wann ist Markus schuldenfrei?

27. Münzwurf

Karl Zecher ist mit seinem Kumpel in der Kneipe. Sie werfen eine Münze, um zu entscheiden, wer die jeweilige Runde bezahlt. Zeigt sie „Kopf", zahlt Karl, bei „Zahl" dagegen sein Freund. Die Münze hat nun schon vier Mal hintereinander „Kopf" angezeigt. Wie groß ist die Wahrscheinlichkeit, dass sie beim nächsten Mal „Zahl" anzeigt?

28. Acht und Zwölf

Achttausendachthundertundacht schreibt man so: 8.808. Wie schreibt man zwölftausendzwölfhundertundzwölf?

29. Zahlenreihe (1)

Wie lautet die nächste Zahl in dieser Zahlenreihe? 1 4 8 13 19 ?

30. Das Drittel

Ein halb ist ihr Drittel. Wie heißt diese Zahl?

Mittelschwere Rätsel

31. Wie heißt die Zahl?

Es gibt eine Zahl, zu der man ihre Hälfte, ihr Doppeltes und ihr Dreifaches addieren kann, so dass man 195 erhält. Wie heißt diese Zahl?

32. Geheimnisvolle Fünf (2)

Man zieht von einer Zahl fünf ab oder dividiert sie durch fünf und erhält dabei das gleiche Ergebnis. Um welche Zahl handelt es sich?

33

33. Geldwechsel

Frau Heinrich kauft beim Bäcker Brot. „Das macht dann 4,30 DM, bitte", sagt Frau Zucker, die Verkäuferin. Frau Heinrich drückt ihr einen Zwanzigmarkschein in die Hand und sagt: „Leider habe ich es nicht kleiner." – „Tut mir leid, ich kann Ihnen nicht herausgeben. Einen Fünfzigmarkschein haben Sie nicht zufällig? Da habe ich nämlich das passende Wechselgeld." Frau Heinrich wundert sich: „Wie geht denn das? Wenn Sie schon nicht einmal einen Zwanziger wechseln können, wieso dann einen Fünfziger?" Trotzdem bekam sie den richtigen Betrag zurück. Was lag in Frau Zuckers Kasse?

34

34. Pyramidenbau

Beim Bau einer Pyramide im alten Ägypten müssen Arbeiter Steinblöcke vom Steinbruch zum Bauplatz tragen. Die Pyramide ist schon fast fertig, es fehlen nur noch zwölf Steine zur Vollendung. Die zwölf Arbeiter des Pharaos brauchen für den Weg eine Stunde, jeder von ihnen kann nur einen Steinblock tragen. Nun will der Pharao weniger Arbeiter bezahlen. Wie lange brauchen sechs Arbeiter um die zwölf Steinblöcke zur Pyramide zu befördern?

35

35. Zahlenreihe (2)

Wie lautet die nächste Zahl in dieser Zahlenreihe?

2 12 30 56 ?

36. Die Hochzeitsfeier

Eine Hochzeit ist immer ein fröhlicher Anlass. Heute sind die Familien Müller und Schmidt zusammengekommen, um die Vermählung von Sabine Schmidt und Martin Müller zu feiern. Auf Wunsch des Brautpaares sind nur die engsten Verwandten eingeladen, die Hochzeitsgesellschaft besteht also nur aus 14 Personen. Herr Schmidt hält seine Festrede, danach erheben sich die Anwesenden und stoßen auf das junge Paar an. Wenn von den 14 Anwesenden jeder mit jedem anstößt, wie oft klingen dann die Gläser?

37. Bauer Wichtig und seine Tiere (2)

Bauer Wichtig macht ein großes Geheimnis aus der genauen Anzahl seiner Schweine und Gänse. Auf diese Art und Weise kann man sich schließlich auch wichtig machen, und genau das will unser Bauer – wie sein Name schon sagt. Er sagt: „Zusammen haben sie 45 Köpfe und 150 Beine." Wie viele Schweine beziehungsweise Gänse hat Bauer Wichtig?

38. Der Bücherwurm

Ein Bücherwurm frisst sich durch Professor Siebengescheits Bücherregal. Er beginnt mit den einzelnen Bänden eines Lexikons. Links steht Band eins, ganz rechts steht Band zehn. Am Ende des Tages hat er sich von der Seite 1 des ersten Bandes bis zur letzten Seite des dritten Bandes durchgefressen. Jeder Band ist vier Zentimeter dick, jeder Buchdeckel einen halben Zentimeter. Wie viele Zentimeter Buch hat der Bücherwurm an diesem Tag verzehrt?

39. Das ist doch zum Eierlegen!

Bauer Lustig hält natürlich auch Hühner. Er erzählt: „Sieben meiner Hühner legen in sieben Tagen sieben Eier. Wie viele Hühner brauche ich dann, um in 21 Tagen 21 Eier zu erhalten?“

40. Schachmatt

Zu einem Schachturnier melden sich 128 Teilnehmer an. Wie viele einzelne Spiele müssen ausgetragen werden, wenn das Turnier nach dem K.-O.-Prinzip ausgetragen wird (d. h., jeweils zwei Teilnehmer spielen gegeneinander, der Verlierer scheidet aus, der Gewinner kommt weiter)?

41. Hasenjagd

Herr Schmidt hat einen Hund namens Bello, auf den er sehr stolz ist. Leider folgt Bello seinem Herrchen nicht immer und läuft davon, sobald er irgendein Tier sieht, das er verfolgen kann. Heute jagt er einen Hasen. Bello läuft 20 Meter in der Sekunde, der Hase kann nur 15 Meter pro Sekunde zurücklegen. So nützen ihm auch die 100 Meter Vorsprung nicht viel. Wann hat Bello den Hasen eingeholt?

42. Der Arbeitslohn

Die Brüder Tim und Tom helfen ihrem Vater, den Gartenzaun anzustreichen. Materialistisch wie Kinder heutzutage nun einmal sind, verlangen die beiden natürlich auch etwas dafür. „Gut“, sagt der Vater, „ich werde euch nach dem Alter bezahlen. Tim ist neun Jahre alt, Tom elf. Also bekommt Tom für jede neun Mark, die Tim verdient, elf Mark. Am Abend ist der Vater der Brüder 200 Mark los. Wie viel hat jeder der Brüder einzeln verdient?

43. Der gerissene Lehrling

Markus hat endlich eine Lehrstelle gefunden. Sein Chef ist der Bäcker Zucker, der im Ruf steht, etwas geizig zu sein. „Na ja“, sagt er zu Markus, „viel kann ich dir nicht bezahlen. Wie viel hast du dir denn vorgestellt?“ – „Ach, ich bin gar nicht anspruchsvoll“, erwidert Markus. „Im ersten Monat können wir es ja so machen: Am ersten Tag bekomme ich einen halben Pfennig, am zweiten Tag dann einen ganzen Pfennig, am dritten Tag zwei Pfennige, am vierten vier und so weiter, jeden Tag den doppelten Lohn des Vortages.“ Bäcker Zucker ist einverstanden und kichert in sich hinein. Wie kann man nur so dumm sein und so wenig Geld verlangen? Am Monatsende (es ist September) ist er dafür um so schockierter. Wie viel Geld musste er an Markus ausbezahlen?

44. Gut geschlafen?

Oma Schmidt schläft auf der langen Zugfahrt zu ihren Enkelkindern ein. Dies passiert ihr, als sie genau die Hälfte der Strecke zurückgelegt hat. Plötzlich wird sie unsanft aus ihrem Nickerchen gerissen, da der Schaffner zur Fahrkartenkontrolle kommt. Sie stellt fest, dass sie nun von der gesamten Reise noch die Hälfte der Strecke zurücklegen muss, die sie schlafend verbracht hat. Welchen Teil der Strecke hat Oma Schmidt verschlafen?

45. Das Aquarium

Michael hat ein neues Aquarium, in dem es vor Fischen nur so wimmelt. Sein Freund Peter blickt fasziniert auf die bunte Pracht und sagt: „Mensch, das sind ja mindestens 100 Stück." – „Das täuscht", entgegnet Michael, „an der Rückwand ist nämlich ein Spiegel angebracht. In Wirklichkeit sind es viel weniger Fische. Wenn du ihre Stückzahl verdoppelst und dann noch einmal die Hälfte der Fische und dann noch ein Viertel davon dazurechnest, fehlt dir immer noch einer zum vollen Hundert!" Wie viele Fische schwimmen in Michaels Aquarium?

46. Zahlenreihe (3)

Welche Zahl muss in dieser Zahlenreihe ergänzt werden?
1 4 9 16 25 ?

47. Die Eichenallee

Prinz Ludwig hat gerade sein neu gebautes Schloss bezogen. Nun fehlen nur noch Bäume, damit aus der Straße, die zum Schloss führt, auch eine Allee wird. Zu diesem Zweck hat Prinz Ludwig 175 Eichen bestellt. Diese sollen in Abständen von fünf Metern gepflanzt werden, und zwar genau so, dass sich immer eine Eiche in der Mitte zwischen den beiden gegenüberstehenden Bäumen befindet. Wie lang ist also die Straße, die zu Prinz Ludwigs Schloss führt?

48. Ein Königreich für ein Pferd

Der Pferdezüchter Gerhard Gaul besitzt 17 wertvolle Zuchtpferde. Als er im Sterben liegt, will er diese gerecht unter seinen drei Söhnen aufteilen. Laut Testament erhält der älteste Sohn die Hälfte der Pferde, der mittlere Sohn ein Drittel und der Jüngste ein Neuntel. Die drei Männer überlegen tagelang, wie sie den letzten Willen des Vaters erfüllen können, ohne eines der Pferde zu töten und zu zerteilen. Da kommt Karl Klepper, ein Freund des Pferdezüchters, mit einer Idee. Was können die Söhne tun?

49. Komplizierte Altersangabe (1)

Frau Schmidt und ihr Sohn Markus sind zusammen 31 Jahre alt. Dabei ist Frau Schmidt jedoch 30 Jahre älter als Markus. Wie alt sind die beiden?

50. Geburtstagskind

Susis Schwester Sandra hat Geburtstag. Ihr vergesslicher Großvater kann sich nicht mehr an das Alter seiner beiden Enkelinnen erinnern. Susi will testen, wie gut sein Gehirn noch funktioniert, und gibt ihm folgende Altersangabe: „Meine Schwester ist 20, sie ist doppelt so alt, wie ich war, als meine Schwester so alt war, wie ich jetzt bin." Wie alt ist Susi?

51. Falschgeld

Frau Krämer, Besitzerin eines Tante-Emma-Ladens, ist Opfer eines Geldfälschers geworden. Man hat ihr doch tatsächlich einen falschen 100-Mark-Schein angedreht. Sie schildert Kommissar Schnüffel ihr Unglück. „Da kommt dieser Mann herein und kauft nur eine Schachtel Kekse für fünf Mark. Bezahlen wollte er mit einem Zehnmarkschein, aber ich hatte kein Wechselgeld. Also lief ich schnell hinüber zur Post, ließ den Schein wechseln und gab dem Mann richtig heraus. Und dann kommt der Postbeamte am Nachmittag mit dem Schein zu mir zurück, sagt, dass es sich um eine Blüte handelt und verlangt dafür natürlich einen richtigen. Den habe ich ihm dann auch gegeben. Aber stellen Sie sich einmal vor, was ich jetzt für einen Verlust habe? 100 Mark für die Blüte, 95 Mark Wechselgeld und die Schachtel Kekse! Wer ersetzt mir das jetzt?" – „Nun, so schlimm ist es auch wieder nicht," versucht Kommissar Schnüffel Frau Krämer zu beruhigen. Wie hoch ist der Verlust der Ladenbesitzerin tatsächlich?

Schwere Rätsel

52

52. Zahlenreihe (4)

Wie heißt die nächste Zahl in dieser Zahlenreihe?

1 2 6 22 86 ?

53

53. Komplizierte Altersangabe (2)

Im Jahre 1980 wurde Professor Siebengescheit von einem seiner Studenten gefragt, wie alt er denn sei. Um die Intelligenz des Neugierigen zu testen, antwortete der Professor: „Ich bin x Jahre alt und im Jahre x^2 geboren." Wie alt ist der Professor?

54

54. Die Gewinnzahl

Ein Radiosender ruft zu einem Gewinnspiel auf. Dem Sieger winkt eine Reise für zwei Personen nach Paris. „Meine lieben

Hörer, heute sind ihre mathematischen Fähigkeiten gefragt!" tönt es aus dem Lautsprecher. „Wir suchen ein Zahl, die sich folgendermaßen beschreiben lässt:

1. Die gesuchte Zahl liegt zwischen 150 und 200.
2. Die Quersumme der gesuchten Zahl ist größer als fünf.
3. Die gesuchte Zahl ist durch zwei, nicht aber durch drei teilbar.
4. Die gesuchte Zahl ist auch durch 17 teilbar.

Es dauert nicht lange und das Telefon klingelt. Der glückliche Gewinner ist gefunden! Wie heißt die gesuchte Zahl?

55. Der Champion

Entlang einer Laufstrecke sind 20 Fähnchen in gleichen Abständen aufgestellt. Der Start des Rennens ist beim ersten Fähnchen. Nach 13 Sekunden befindet sich der Champion Stefan Schnell beim 13. Fähnchen. Wann gelangt er zum letzten Fähnchen, wenn er mit konstanter Geschwindigkeit weiterläuft?

56. Gegenverkehr

Max und Moritz fahren mit der S-Bahn in die Stadtmitte. In regelmäßigen Abständen kommt ihnen eine S-Bahn der gleichen Linie entgegen. Die Fahrt zur Stadtmitte dauert genau eine Stunde. Von der Stadtmitte aus geht alle zehn Minuten eine S-Bahn ab. Wie vielen S-Bahnen begegnen Max und Moritz auf ihrer Fahrt in die Stadt?

57. Bauer Wichtig und seine Tiere (3)

Bauer Wichtig hat eine große Schafherde. Wenn er seine Schafe paarweise in den Stall treibt, so bleibt eins übrig. Ebenso bleibt ein Schaf übrig, wenn er sie zu dritt, zu viert, zu fünft oder zu sechst in den Stall treibt. Erst wenn er sieben Schafe zusammen eintreibt, bleibt keines übrig. Wie viele Schafe hat Bauer Wichtig?

58. Die Leseratte

Michael ist eine richtige Leseratte. Kaum ein Tag vergeht, an dem er nicht zumindest einige Seiten liest. Gerade schleppt er schon wieder einige dicke Wälzer aus der Bibliothek nach Hause, als er seinem Freund Thomas begegnet. „Mann, ist das aber ein Schinken", sagt dieser, als er das dicke Buch sieht, das Michael unter dem Arm trägt. „Wie viele Seiten hat es denn?" – „Lass mal sehen", erwidert Michael, „der Text beginnt auf Seite sieben und wenn du diese Zahl vor die Gesamtseitenzahl setzt und die neue Zahl dann durch 15 teilst, erhältst du genau die gesuchte Seitenzahl. Über hundert Seiten hat es aber auf jeden Fall." Wie viele Seiten hat Michaels Buch?

59. Beschäftigungstherapie

Der Lehrer Schlauberg ist leicht genervt: Keine zehn Sekunden kann die Klasse stillhalten. Da er aber noch den Unterricht der nächsten Stunde vorbereiten muss – gestern hatte er keine Zeit, denn er musste an einem Tennisturnier teilnehmen –, beschließt er, seine Schüler mit einer längeren Rechenaufgabe ruhigzustellen: „Addiert bitte alle ganzen Zahlen von eins bis 100. Bevor ihr das nicht geschafft habt, will ich keinen Pieps mehr hören." Doch bereits nach fünf Minuten meldet sich Albert, der Klassenbeste. „Ich bin fertig, Herr Schlauberg!" Seine

Rechnung ist tatsächlich richtig. Wie lautet das Ergebnis und wie hat Albert das so schnell geschafft?

60. SOS

Bei einer Seenotübung stellt der Kapitän eines Kreuzfahrtschiffes fest, dass 99 Personen an Bord sind, und zwar doppelt so viele Mädchen wie Jungen und doppelt so viele Erwachsene wie Kinder. Wie viele Erwachsene, Mädchen und Jungen befinden sich auf dem Schiff?

61. Das Lösegeld

Der Seefahrer Antonio ist wieder einmal in die Gefangenschaft eines grausamen Tyrannen geraten. Doch dieser lässt sich nicht durch Intelligenz und Kombinationsgabe zur Milde stimmen, nein, dieses Mal sind Rechenkünste und Goldstücke gefragt. „Dein Vater soll dich freikaufen", befiehlt der Herrscher. „Dabei soll er mir 20.000 Goldstücke bezahlen und zwar an vier aufeinander folgenden Tagen. Am zweiten Tag soll er eine Summe zahlen, die dreimal so hoch ist wie der Betrag des ersten Tages, und dazu noch weitere 1000 Goldstücke. Am dritten Tag soll dein Vater dann das eineinhalbfache des Betrags vom zweiten Tag zahlen und am vierten Tag schließlich wiederum das eineinhalbfache des Betrags vom dritten Tag. Nun schicke sogleich einen Boten zu deinem Vater. Für jeden Fehler, den dieser macht, wird dir ein Finger abgeschnitten." Zum Glück ist Antonio ein guter Rechner und kann deshalb seinem Vater genaue Anweisungen erteilen. Welche Nachricht überbringt der Bote?

62. Die umgeknickte Fahnenstange

Nach einem fürchterlichen Gewitter bietet sich in Prinz Ludwigs Schlosspark ein erstaunlicher Anblick: Eine neun Meter hohe Fahnenstange ist durch den Sturm umgeknickt worden. Die Spitze der Fahnenstange berührt genau drei Meter von ihrem Fuß entfernt den Boden. In welcher Höhe wurde die Fahnenstange abgeknickt?

63. Steinreich

Juwelier Stein hat ein Problem. Er hat 27 völlig gleich aussehende Perlen, weiß jedoch, dass eine von diesen falsch ist. Die falsche Perle ist ein bisschen schwerer als die echten. Leider hat Herr Stein nur eine Schalenwaage ohne Gewichte. Wie oft muss er mindestens wiegen, um herauszufinden, welche Perle die falsche ist?

64. Das Problem mit der Uhrzeit

Professor Siebengescheit liebt es, in Rätseln zu sprechen. Als einer seiner Studenten ihn nach der Uhrzeit fragt, antwortet er: „Es fehlen noch so viele Minuten bis 12 Uhr, wie es vor vierzig Minuten dreimal so viele Minuten nach 9 Uhr war." Wie spät ist es?

65. Die Armbanduhr

Professor Siebengescheits Armbanduhr (eine Uhr mit Zifferblatt, keine Digitaluhr) geht im Laufe eines Tages um fünf Minuten vor. Wie lange dauert es, bis sie wieder die richtige Zeit angibt, vorausgesetzt Professor Siebengescheit stellt sie nicht?

4. Knobeleien und Logikrätsel

sind Fragen, bei denen logisches Denken im Mittelpunkt steht.

Wenn etwas so ist, kann es doch nicht anders sein. Oder vielleicht doch?

Leichte Rätsel

1

1. Die Karawane

Der kleine Ali zieht das erste Mal mit einer Karawane durch die Wüste. Jeder der Nomaden hat einen Teil des Gepäcks zu tragen. Das einzige Zugeständnis des Karawanenführers ist, dass sich jeder selbst aussuchen darf, welches Bündel er tragen wird. Ali greift sofort nach dem Proviantsack, der besonders schwer ist, denn schließlich wird die Karawane ja zehn Tage unterwegs sein. Alle lachen ihn aus. Doch schon am zweiten Tag lacht niemand mehr, ganz im Gegenteil: Alle bewundern Ali. Warum?

2

2. Wörter mit System

Die folgenden sechs Wörter erfüllen alle eine bestimmte Bedingung: Fahrrad, Lotto, Ehebrecher, Kultur, Lava, Zahnrad. Welches der folgenden Wörter passt zu dieser Gruppe? Hose, Jacke, Bikini, Bluse.

3. Zahlenreihe (1)

Die Ziffern 1 bis 9 sind hier in einer neuen Reihenfolge aufgestellt. Nach welchem Prinzip wurden sie geordnet?

8 3 1 5 9 6 7 4 2

4. Kindersegen (1)

Herr Schmidt wird oft gefragt, wie viele Kinder er nun eigentlich habe. Um Verwirrung zu stiften, antwortet er dann immer: „Ich habe vier Töchter und jede von ihnen hat einen Bruder." Wie viele Kinder hat Herr Schmidt also?

5. Kinderreich

Das Ehepaar Heinrich hat für die heutige Zeit ungewöhnlich viele Kinder. Jede ihrer Töchter hat ebenso viele Schwestern wie Brüder, jeder ihrer Söhne dagegen nur halb so viele Brüder wie Schwestern. Wie viele Söhne und Töchter hat das Ehepaar Heinrich?

6. Kinovorstellung

Im Kino sind noch drei Plätze frei. Der Anwalt kommt mit seiner Tochter und der Arzt mit seiner Frau. Trotzdem muss niemand bei einer anderen Person auf dem Schoß sitzen. Wie geht das?

7. Hochzeit (1)

Auf einer großen Hochzeitsgesellschaft sind die Verwandtschaftsverhältnisse nicht allen Gästen klar. So fragt Frau Maier die neben ihr sitzende Dame: „Entschuldigen Sie bitte, wissen Sie vielleicht, wer die beiden Gäste an dem Tisch dort drüben sind?" – „Der eine ist der Vater der Tochter des anderen Gastes", erhält sie als Antwort. In welchem Verwandtschaftsverhältnis stehen die beiden Hochzeitsgäste?

8. Hochzeit (2)

Auf derselben Hochzeitsgesellschaft sagt Frau Maier zu ihrer Schwester: „Komm, lass uns schnell noch meine Nichte begrüßen." Ihre Schwester entgegnet daraufhin: „Nein, ich möchte lieber noch einmal ans kalte Büfett und außerdem habe ich doch gar keine Nichte." In welchem Verwandtschaftsverhältnis steht Frau Maiers Schwester also zu deren Nichte?

9. Der Großvater

Toms Vater ist älter als sein Großvater. Wie geht das?

10. Das Porträt

Herr Schmidt hat Besuch von seinem Bekannten Herrn Maier. Dieser betrachtet ein Porträt an Herrn Schmidts Wand. „Wer ist denn das auf diesem Bild?", will Herr Maier wissen. „Brüder und Schwestern habe ich keine, aber der Vater dieses Mannes ist der Sohn meines Vaters", bekommt er zur Antwort. Wen zeigt das Bild?

11. Die Mücke

Frau Schmidt steht genau hinter ihrem Sohn. Beide schauen in dieselbe Richtung, nämlich nach vorne. Trotzdem kann Frau Schmidts Sohn sagen: „Pass auf, auf deiner Nase sitzt eine Mücke!" Wie geht das?

12. Siegesfeier

Die siegreiche Fußballmannschaft hat ihren Erfolg gebührend gefeiert. Wie viel Bier die Kehlen der Spieler hinabgeflossen ist, ist schwer zu sagen. Die Unterhaltungen werden immer unsinniger, die Schritte schwankender. „Du bist ja total betrunken!“ ruft Markus zu Peter. „Wetten, dass du es nicht schaffst, deine Hose alleine auszuziehen?“ – „Das wäre ja gelacht!“, entgegnet Peter und greift nach seinem Hosenknopf. Da macht Markus etwas, das die restliche Mannschaft in lautes Gelächter ausbrechen lässt. Peter hat die Wette tatsächlich verloren! Was hat Markus getan?

13. Wirf den Ball!

Als sich die Fußballspieler wieder von ihrer Siegesfeier erholt haben, will sich Peter an Markus rächen. „Wetten, dass ich einen Ball so werfen kann, dass er eine kurze Strecke zurücklegt, dann kurz anhält, seine Richtung wechselt und sich dann in die entgegengesetzte Richtung fortbewegt?“ – „Das ist ja wohl kein Problem. Du wirfst ihn gegen eine Wand oder bindest ihn irgendwo an. Auf so eine Wette lasse ich mich nicht ein“, erwidert Markus. „Nein, ohne jedes Hilfsmittel“, verspricht Peter. Er gewinnt die Wette. Wie macht er das?

14. Kaninchenjagd

Drei Jäger gehen auf Kaninchenjagd. Insgesamt schießen sie sechs Kaninchen, Alfred drei, Bert zwei und Cäsar eins. Trotzdem bringt keiner von ihnen mehr Kaninchen nach Hause als die anderen. Wie geht das?

15. Papier

Die Zwillinge Tim und Tom wetten mit ihren Freunden, dass sie es schaffen, sich mit beiden Füßen auf ein Blatt Papier zu stellen, ohne sich zu berühren. Können sie ihre Wette gewinnen?

16. Es war einmal ein Jägersmann ...

Ein Jäger verlässt früh morgens seine Hütte, um auf Bärenjagd zu gehen. Er verfolgt die Spur zuerst drei Kilometer nach Norden, bevor sie plötzlich die Richtung wechselt und über zwei Stunden lang schnurstracks nach Westen führt. Dann trifft er tatsächlich auf den Bären und erlegt ihn mit einem einzigen gezielten Schuss. Nun muss er seine Beute nur noch nach Hause schaffen. Dazu schleppt er den Bären drei Kilometer nach Süden und steht mit ihm wieder vor seiner Jagdhütte. Wo wohnt der Jäger?

17. Die Schornsteinfeger

Schornsteinfeger Rußig und sein Lehrling gehen gerade ihrer Arbeit nach, als ein Windstoß in den Kamin fährt und eine ganze Menge Ruß herauswirbelt. Herr Rußig wird schwarz, sein Lehrling bleibt jedoch weiß, da er im Windschatten stand. Welcher der beiden wird sich anschließend waschen?

18. Ein haariges Problem

In dem kleinen Örtchen Nest gibt es nur zwei Friseure. Der Laden des einen ist furchtbar unordentlich, die Waschbecken sind nicht geputzt, überall liegen Haare herum und der Friseur selbst hat eine völlig ungepflegte Frisur ohne jeden

Schnitt. Der Laden des anderen ist dagegen blitzsauber, alle Spiegel sind poliert und der Friseur selbst hat einen ordentlichen Haarschnitt. Herr Schmidt ist neu zugezogen und kennt keinen der beiden Friseure. Von welchem soll er sich die Haare schneiden lassen?

19. Mit großen Schritten

Wenn es von Otto zu Paula ein Schritt ist, wie weit ist es dann von Anton zu Dora?

20. Kuchenteilung

Tom und seine Schwester Tina müssen sich ein großes Stück Kuchen teilen und streiten sich nun darum, wer den Kuchen aufschneiden darf. Jeder befürchtet, vom anderen übervorteilt zu werden. Die Mutter hört dem Streit eine Weile zu und mischt sich schließlich ein: „Ich habe eine Idee, wie Ihr den Kuchen ganz gerecht aufteilen könnt, sodass jeder mit dem Ergebnis zufrieden ist!" Welche Idee hatte die Mutter?

21. Geheimnisvolle Buchstaben (1)

Wie heißen die nächsten beiden Buchstaben in dieser Buchstabenreihe?

E Z D V F S S ? ?

22. Rätselhafte Einladung

Frau Schmidt erhält von ihrer Nachbarin eine rätselhafte Einladung zum Kaffeeklatsch. Der Text lautet „3 komm 4." Was soll das bedeuten?

23. Verteilung der Äpfel

Ein Obsthändler steht vor folgendem Problem: Wie kann man sechs Äpfel auf sechs Personen so verteilen, dass ein Apfel im Korb bleibt?

24. Geheimnisvolle Insel Illusia (1)

Auf der Insel Illusia, auf der die Einwohner entweder immer lügen oder immer die Wahrheit sagen, trifft ein Tourist auf einen Einheimischen. Wie kann er mit einer Frage herausfinden, wen er vor sich hat?

25. Tierliebe

Susanne, Stefanie und Sabine sind große Tierfreundinnen. So hat auch jede von ihnen ein Haustier. Zusammen sind das ein Wellensittich, ein Hamster und ein Kaninchen. Ihr Lehrer will nun wissen, wem welches Tier gehört. Die drei Tiernärrinnen drücken sich jedoch sehr rätselhaft aus:

(1) Susanne hat nicht den Hamster.
(2) Sabine hat einen Wellensittich.
(3) Stefanie hat keinen Wellensittich.

Welches der Mädchen hat nun welches Tier?

26. Angst vor der Dunkelheit

Die kleine Susi hat Angst vor der Dunkelheit. Heute schafft sie es, in ihrem Kinderzimmer das Licht auszuknipsen und trotzdem im Bett zu liegen, bevor es im Raum dunkel wird. Und das, obwohl der Lichtschalter drei Meter von ihrem Bett entfernt ist. Wie macht Susi das?

27. Alter Kaffee

Herr Schmidt sitzt im Café, vor sich eine Tasse mit echtem italienischen Cappuccino. Da bemerkt er plötzlich einen schwarzen Fleck in der aufgeschäumten Milch – eine winzige Fliege! Der Ober entschuldigt sich darauf ausgiebig, nimmt den Cappuccino wieder mit und bringt Herrn Schmidt eine neue Tasse. Plötzlich ruft Herr Schmidt empört aus: „So eine Unverschämtheit, das ist ja der gleiche Cappuccino wie vorher!" Woran hat Herr Schmidt das gemerkt?

28. Sturz von der Leiter

Frau König ist immer zu einem kleinen Schwatz aufgelegt. Dabei neigt sie gerne zu fürchterlichen Übertreibungen. Heute trifft sie beim Bäcker auf ihre Nachbarin Frau Kaiser: „Stellen Sie sich vor", beginnt Frau König, „mein Mann hat gestern die Dachrinne gestrichen, auf einer fünf Meter langen Leiter stand er dabei. Und dann rutscht er ab und fällt hinunter. Er hat furchtbares Glück gehabt, denn er hat nicht einmal einen Kratzer abbekommen. Aber was da alles hätte passieren können, ich habe immer noch ganz wacklige Knie!" – „Ja, das ist wirklich ein Wunder", entgegnet Frau Kaiser, „aber ist das auch die ganze Geschichte?" Welches Detail hat ihr Frau König verschwiegen?

29. Das Duell

In früheren Zeiten wurden nicht alle Streitigkeiten vor Gericht gebracht. Duelle waren einst ein beliebter Weg, um Meinungsverschiedenheiten zu regeln. So standen sich eines Tages im Morgengrauen Lord Canterville und Lord Finsbury gegenüber.

Die Pistolen waren geladen, die Duellanten warteten nur noch auf die Instruktionen des unparteiischen Lord Marlborough. Dieser gab folgende Anweisung: „Meine Herren, Sie stellen sich jetzt bitte Rücken an Rücken. Dann geht jeder von Ihnen zwanzig Schritte. Sie drehen sich um, sodass Sie in entgegengesetzte Richtungen blicken. Dann darf jeder von Ihnen einen Schuss abfeuern. Möge der bessere Schütze gewinnen." – „Mylord, das ist doch ungerecht. Wenn wir in entgegengesetzte Richtungen blicken, können wir doch nicht aufeinander schießen", protestiert Lord Canterville. „Wenn es nach Klugheit ginge, hätten Sie das Duell schon verloren", entgegnet der Unparteiische darauf schnippisch. Warum?

30

30. Die Leseratte

Frau Schmidt ist eine richtige Leseratte und will nun auch ihre beste Freundin dazu bringen, Bücher zu lesen. Deshalb schenkt sie ihr einen spannenden Krimi. Als sich die beiden kurz darauf im Café treffen, interessiert es Frau Schmidt, wie ihrer Freundin das Buch gefällt und wie weit sie schon gekommen ist. „Es ist wirklich unheimlich spannend, ich kann es kaum mehr aus der Hand legen. Heute morgen habe ich mein Lesezeichen schon zwischen Seite 167 und 168 gelegt", entgegnet diese. „Das glaubst du doch selbst nicht", empört sich Frau Schmidt. Wie hat sie den Schwindel ihrer Freundin durchschaut, vorausgesetzt das Buch hat mehr als 168 Seiten?

31

31. Einzäunung

Herr Schmidt hat ein Haus gebaut. Nun will er seinen quadratischen Garten einzäunen lassen. Er kauft dazu zwanzig Zaunpfähle und übergibt sie seinem Gärtner. Wie viele Pfähle muss dieser an jeder Seite des Gartens einsetzen, damit alle vier Seiten gleich sind?

32. Flugstunde

Der Flug von Rom nach München dauert 115 Minuten, der Rückflug von München nach Rom dagegen eine Stunde und 55 Minuten. Wie ist das zu erklären?

33. Schäfchen zählen

Der Schäfer Bert Bock hat seine 31 Schafe gut dressiert. Er erzählt seinem Freund: „Gestern gingen 31 Schafe vorneweg und 31 Schafe gingen hinterher." In welcher Formation gingen Bert Bocks Schafe?

34. Sockensuche

Herr Schmidt ist sehr unordentlich. In seiner Sockenschublade liegen 18 weiße Socken und 18 schwarze Socken wild durcheinander. Als Herr Schmidt sich eines Morgens anziehen will, fällt der Strom aus und er kann nichts mehr sehen. Wie viele Socken muss er höchstens aus der Schublade nehmen, um ein gleichfarbiges Paar zu erwischen?

35. Ein juristisches Problem

Zwei Männer stehen wegen Mordes vor Gericht. Aufgrund der Beweislage und der Aussagen verschiedener Zeugen ist einer der beiden Männer eindeutig schuldig, der andere eindeutig unschuldig. Trotzdem muss der Richter beide Männer freilassen. Warum?

36. Verlaufen

Eines Abends musste Herr Müller noch dringend seinem Kollegen, Herrn Schmidt, einige wichtige Unterlagen vorbeibringen. Er war noch nie bei Schmidts zu Hause, er weiß nur, dass sie in der Parkstraße 10 wohnen. Also sieht Herr Müller kurz auf dem Stadtplan nach, wo die Parkstraße ist. „Aha, gleich bei der Friedrich-von-Schiller-Straße." Herr Müller schwingt sich auf sein Fahrrad und macht sich auf den Weg. Schließlich kommt er in der Reihenhaussiedlung, in der sich die Parkstraße befindet, an, doch es ist stockfinster und so hat Herr Müller einige Orientierungsschwierigkeiten. „Ist das nun schon die Parkstraße oder erst die Friedrich-von-Schiller-Straße?" Dummerweise ist auch noch die Straßenlaterne defekt, und er kann das Straßenschild nicht lesen. Wie kann Herr Müller trotzdem erkennen, in welcher Straße er sich befindet?

37. Irrwege

Der König von Rätselia hat in seinem Garten einen gewaltigen Irrgarten. Da er liebend gerne die Intelligenz seiner Besucher testet, müssen diese gleich nach ihrem Eintreffen das Labyrinth durchqueren. Nur ein einziger Weg führt hindurch und es gibt drei Abzweigungen, an denen sich die Besucher für den richtigen Weg entscheiden müssen. Der König gibt seinen Besuchern noch drei Hinweise mit auf den schwierigen Weg:

(1) An der dritten Kreuzung müsst ihr rechts abbiegen.

(2) Ihr dürft aber nicht zweimal hintereinander links abbiegen.
(3) Wenn ihr rechts abbiegt, müsst ihr das mindestens zweimal hintereinander machen. Wie finden sich die Besucher im Irrgarten zurecht?

38. Die mysteriöse Krankheit

Herr Heinrich litt letzten Sommer an einer seltsamen Krankheit. Man kann sie nur in einem fremden Bett bekommen. Sobald man jedoch wieder in seinem eigenen Bett liegt, wird man gesund. Um welche Krankheit handelt es sich?

39. Expedition in den Dschungel

Der Tropenforscher Frosch ist gerade von einer langen Dschungel-Expedition zurückgekehrt. Nun hält er einen Vortrag vor einer Gruppe von Universitätsprofessoren, die ihm seine Expedition finanzierten. Herr Frosch berichtet: „Als wir mit unserem Boot um die Biegung des Flusses kamen, erblickten wir drei Eingeborene, die im seichten Wasser eine Art Reuse auslegten. Es waren weder Männer, noch Frauen, noch Kinder." Ein ungläubiges Raunen erhebt sich im Saal, bis Herr Frosch zu kichern anfängt. Was war das für eine Gruppe?

Mittelschwere Rätsel

40. Berufsverkehr

Herr Walter fährt jeden Morgen mit der Straßenbahn zur Arbeit. Seine Wohnung liegt genau zwischen zwei aufeinander folgenden Straßenbahnhaltestellen. An welcher Haltestelle soll Herr Walter aussteigen, wenn er möglichst schnell zu Hause sein will?

41. Mädchen

Frau Maier hat zwei Kinder. Wie groß ist die Wahrscheinlichkeit, dass beide dieser Kinder Mädchen sind?

42. Immer Ärger mit der Uhrzeit!

Der Tropenforscher Frosch geht auf eine längere Dschungel-Expedition. In letzter Sekunde will er noch eine Uhr einstecken. Dabei muss er jedoch feststellen, dass keine seiner Armbanduhren richtig geht. Die eine geht pro Tag eine Minute nach, die andere ist ganz stehen geblieben. Welche Uhr zeigt öfter die richtige Zeit an?

43. Zahlenreihe (2)

Bei dieser Zahlenreihe kommt es nicht aufs Rechnen an, die Zahlen sind vielmehr nach einem logischen System geordnet. Wie lautet also die nächste Zahl?

1 2 3 4 7 13 14 17 20 21 22 23 24 ?

44. Farbenfroh

Herr Schwarz, Herr Grau und Herr Braun treffen sich zufällig auf dem Weg zur Arbeit. „Seht euch das mal an", stellt einer der drei Herren verwundert fest, „einer von uns trägt einen schwarzen Hut, einer einen grauen und einer einen braunen, genau wie unsere Namen." – „Das stimmt", sagt der Mann mit dem schwarzen Hut, „aber keiner von uns trägt den Hut, der zu seinem Namen passt." – „Ganz richtig", entgegnet Herr Braun. Wer trägt welchen Hut?

45. Kurzschluss

Peter hat morgen ein wichtiges Vorstellungsgespräch. Es geht um seinen absoluten Traumjob. Vor Aufregung kann Peter nicht schlafen, unruhig wälzt er sich in seinem Bett hin und her, knipst das Licht an und sieht auf die Uhr. Wenn es doch nur schon Morgen wäre! Als er schon wieder seine Nachttischlampe anschalten will, gibt es einen lauten Knall, die Birne ist durchgebrannt. Auch die Lampe an der Zimmerdecke funktioniert nicht, anscheinend ist gleich die ganze Sicherung herausgesprungen. Peters Wecker hat zwar Leuchtzeiger, doch beide Zeiger sind gleich lang. Einer der beiden Zeiger weist auf die Zwölf, der andere auf die Eins. Wie kann Peter herausfinden, ob es fünf Minuten nach zwölf oder schon ein Uhr ist?

46. Reise im Nachtzug

Herr Schneider sitzt im Nachtzug von Hamburg über München nach Salzburg. Zum Glück hat er keinerlei Probleme, unterwegs zu schlafen und so schlummert er den größten Teil der Reise friedlich vor sich hin. Plötzlich wacht er auf und erkennt sofort, dass er sein Ziel schon bald erreicht haben wird, denn der Zug ist schon über München hinaus. Dies weiß Herr Schneider, obwohl er nicht auf die Uhr gesehen hat und es draußen stockdunkel ist. Wie kommt er zu dieser Erkenntnis?

47. Wie spät ist es?

Eine Uhr schlägt zu jeder vollen Stunde die Stundenzahl und außerdem jede Viertelstunde einmal. Wenn man die Uhr einmal schlagen hört, wie lange muss man dann höchstens warten, um sicher zu sein, wie viel Uhr es ist?

48. Der Einstellungstest

Bei einem Einstellungstest müssen die Bewerber eine Kombinationsaufgabe lösen. Sie erhalten acht Bilder von Bäumen, die in der Mitte auseinander geschnitten worden sind. Jeder der Bewerber hat nun acht obere Baumhälften und acht untere Baumhälften vor sich, die wieder richtig zusammenzusetzen sind. Bei der Auswertung des Test stellt der Personalchef fest, dass keiner der Bewerber es geschafft hat, sieben der Bäume richtig zusammenzusetzen. Wie ist das zu erklären?

49. Geheimnisvolle Buchstaben (2)

Wie heißen die nächsten beiden Buchstaben in dieser Buchstabenreihe?

A E F H I K ? ?

50. Robinsonade

Ein Schiffbrüchiger wird an einer einsamen Insel an Land gespült. Sie ist sehr schmal und lang und natürlich unbewohnt. Zu allem Unglück bricht auch noch an einem Inselende ein Brand aus und der Wind treibt die Flammen quer über die ganze Insel auf das andere Ende zu. Unser Schiffbrüchiger will natürlich nicht den Feuertod sterben, nachdem er gerade erst dem Tod durch Ertrinken entgangen ist, und überlegt fieberhaft, was er tun könnte, um den Flammen zu entgehen. Wer kann ihm helfen?

51. Der umgefallene Wegweiser

Herr Hinze hat sich gründlich verfahren. Eigentlich will er nach Moosberg, doch er nun ist er anscheinend im Nirgendwo gelandet. Dass diese Landstraßen aber auch alle gleich aussehen müssen! Das letzte, an das Herr Hinze sich erinnern kann, ist, dass er gerade in einem Dorf namens Weiler gewesen ist, aber dies ist natürlich auf keiner Karte verzeichnet. Da kommt er an eine Straßenkreuzung, doch leider hat jemand den hölzernen Wegweiser umgefahren. Dieser liegt nämlich nutzlos im Straßengraben, seine vier Arme zeigen ins Nichts. Und auf einem steht tatsächlich Moosberg! Aber welche der vier Straßen führt dorthin? Kann Herr Hinze dies irgendwie herausfinden?

52. Geheimnisvolle Insel Illusia (2)

Auf der Insel Illusia gibt es zwei Volksstämme, die Wawas und die Lülüs. Die Wawas sagen immer die Wahrheit, die Lülüs dagegen lügen, sobald sie den Mund aufmachen. Eines Tages liegen drei Inselbewohner, Alfred, Bert und Claus, zusammen an einem Strand. Da kommt ein Tourist vorbei und fragt Alfred: „Gehörst du zum Stamm der Wawas oder zu den Lülüs?" In diesem Moment fliegt jedoch ein Flugzeug über die Insel und der Tourist kann Alfreds Antwort nicht verstehen. So fragt er Bert: „Was hat der Mann gesagt?" Bert antwortet: „Alfred hat gesagt, dass er ein Lülü ist." Claus aber entgegnet daraufhin: „Glauben Sie Bert ja nicht, er lügt." Was sind also Bert und Claus?

53. Die vertauschte Lieferung

Der Gemüsehändler Kohl ist entsetzt. Bei der heutigen Lieferung Paprika ist etwas durcheinander geraten. Der Brief des Großhandels erklärt: „Mit der heutigen Lieferung erhalten Sie eine Kiste rote Paprika, eine Kiste grüne Paprika und eine Kiste, die zu gleichen Anteilen rote und grüne Paprika enthält. Leider hat jedoch unsere Etikettiermaschine verrückt gespielt. Alle Kisten sind daher falsch beschriftet."

Da Gemüsehändler Kohl auch ein Rätselfreund ist, versucht er, das Kuddelmuddel als Rätsel zu lösen. Wie oft muss er in die Kisten hineingreifen, um sie richtig beschriften zu können, wenn er dabei immer nur eine Paprika herausholt?

54. Unzulängliche Verteidigung

Karl Knack wird wegen Diebstahls vor Gericht gestellt. Der Staatsanwalt stellt fest: „Wenn Herr Knack schuldig ist, muss er einen Komplizen gehabt haben." – „Das stimmt nicht!" ruft Knacks Verteidiger empört. Warum ist dies das Schlimmste, was der Verteidiger sagen konnte?

55. Zahlenreihe (3)

Welche Zahl gehört nicht in diese Reihe?

2 4 6 8 10

56. Die Katze lässt das Mausen nicht

Alle Katzen fangen gerne Mäuse. Einige Katzen haben Übergewicht. Manche übergewichtigen Katzen sind wasserscheu. Daraus ergibt sich Folgendes:

a) Katzen, die Mäuse fangen, haben Übergewicht.
b) Wasserscheue Katzen fangen gerne Mäuse.
c) Mäuse sind wasserscheu.
d) Wasserscheue Katzen sind übergewichtig.

Nur eine der vier Aussagen ist richtig. Welche?

57. Kinderspiele

An Frau Schmidts Haus ist eine Fensterscheibe mit einem Fußball eingeschossen worden. Auf der Straße vor ihrem Haus hat sie vorher vier Kinder Ball spielen sehen, die sie nun zur Rede stellt. Die vier Jungen meinen jedoch, sie könnten sich durch widersprüchliche Aussagen aus der Affäre ziehen.

(1) Willi: „Es war Franz."
(2) Franz: „Nein, Tom war es."
(3) Markus: „Ich habe es nicht getan."
(4) Tom: „Franz lügt."

Nachdem der Schuldige schließlich gefunden ist, stellt sich heraus, dass nur eine dieser Aussagen wahr ist. Wer hat also die Fensterscheibe eingeschossen?

58. Geheimnisvolle Insel Illusia (3)

Auf der Insel Illusia leben auch Anton und Bruno, wobei jeder entweder ein Lülü oder ein Wawa ist. Anton sagt: „Wenigstens einer von uns ist ein Lülü." Was sind Anton und Bruno?

59. Wer zuletzt kommt, ...

Ein arabischer Fürst hat zwei seiner Untergebenen zum Tode verurteilen lassen. Dennoch will er Milde walten lassen und fordert die beiden auf, ein Kamelrennen zu veranstalten. Er lässt dazu extra die schnellsten Kamele der beiden zu seinem Palast bringen. Derjenige, dessen Kamel als letztes durchs Ziel geht, wird freigesprochen. Die beiden Verurteilten sind zunächst ratlos, wie sie das schaffen sollen. Dann flüstert ihnen ein Dienstbote des Fürsten etwas zu, die beiden springen auf die Kamele und reiten so schnell sie können auf das Ziel zu. Was hat der Dienstbote den beiden zugeflüstert?

60. Schnelles Altern

Herr Schmidt behauptet: „Ich war vorgestern noch 40 Jahre alt, nächstes Jahr werde ich 43." Ist das möglich?

61. Der Namenszug

Der Maler Pinsel hat gerade ein Schild über der Eingangstüre einer Schneiderei bemalt. Zu guter Letzt bittet ihn die Besitzerin des Ladens, Mia Tomati, noch darum, ihren Namen so auf die Schaufensterscheibe zu schreiben, dass man ihn von beiden Seiten lesen kann. Maler Pinsel überlegt nicht lange und schreibt los. Wie schreibt er den Namen?

62. Ladehemmung

Kapitän Seebär befördert heute eine besonders zerbrechliche Fracht: eine riesige Kiste Porzellangeschirr. Schon beim Verladen treten erste Schwierigkeiten auf. Die Kiste hat fast dieselbe

Größe wie die Ladeluke der „Seestern". Also kann sie nicht mit dem Kran in den Laderaum herabgelassen werden, da der Raum zu eng für die Ketten des Krans ist. Einfach hinabfallen lassen kann man die Kiste natürlich auch nicht, denn schließlich soll das Porzellan heil seinen Bestimmungsort erreichen. Kapitän Seebär flucht wie ein Rohrspatz. Warum musste er auch diesen Auftrag annehmen? Soll er nun etwa seine Ladeluke vergrößern lassen? Er lässt seinen Blick im Hafen umherschweifen und plötzlich kommt ihm die rettende Idee. Was kann Kapitän Seebär tun, um seine Fracht heil in den Laderaum zu bekommen?

63. Ein Brückenproblem

Ein großes Segelboot muss unter einer niedrigen Brücke durchfahren. Leider ist der Mast genau zehn Zentimeter zu hoch. Der Kapitän ist ratlos. Auf der Brücke stehen schon jede Menge Leute, die gespannt warten, ob das Boot nun passieren kann oder nicht. Da hat der Kapitän die rettende Idee. Was kann er tun?

64. Grausames Urteil

Vor einem mittelalterlichen Gericht wird eine Hexe zum Tode verurteilt. Der Richter überlässt ihr die Wahl ihrer Todesart: „Du darfst einen letzten Satz äußern. Ist dieser Satz wahr, wirst du verbrannt. Ist er falsch, wirst du gevierteilt." Die Hexe war jedoch schlauer, als der Inquisitor geahnt hatte, denn sie sprach einen Satz, der sie mit dem Leben davon kommen ließ. Welchen?

65. Die Wettervorhersage

Eine etwas seltsame Wetterkarte gibt folgendes an: In Paris, Berlin, London und Stockholm scheint die Sonne, in Helsinki, Budapest und Amsterdam regnet es. Wie ist das Wetter in Madrid?

Schwere Rätsel

66. Buchstabenreihe

Wie heißen die beiden nächsten Elemente dieser Reihe?

a1z b2y c3x d4w

67. Kindersegen (2)

Herr Schmidt ist Vater von fünf Töchtern: Anna, Barbara, Claudia, Dorothea und Elisabeth. „Das ist ja toll, ihre Namen sind alphabetisch geordnet, da können Sie sich wenigstens die Reihenfolge ihrer Töchter gut merken", sagt sein Kollege zu ihm. „Aber nein, das mit den Buchstaben ist nur Zufall. Claudia und Dorothea sind jünger als Barbara, Anna ist älter als Elisabeth und jünger als Barbara. Dorothea ist älter als Anna, und Claudia ist jünger als Elisabeth. In dieser Reihenfolge wurden meine Töchter geboren." Nun hat Herr Schmidt seinen Kollegen völlig verwirrt. Wer kann ihm helfen?

68. Auf Freiersfüßen

Im Morgenland muss ein junger Mann ein schwieriges Rätsel lösen. Er muss erraten, in welchem von drei Kästchen sich eine

Goldmünze befindet. Errät er das richtige Kästchen, so erhält er einen Goldschatz und obendrein die Tochter des Fürsten zur Braut. Irrt er sich jedoch, so wird er gehängt. Die drei Kästchen tragen folgende Aufschriften:
Kästchen 1: Die Münze befindet sich nicht in Kästchen 3.
Kästchen 2: Die Münze befindet sich nicht in diesem Kästchen.
Kästchen 3: Die Münze befindet sich in diesem Kästchen.
Nur eine dieser drei Aufschriften ist wahr. Welches Kästchen soll der junge Mann wählen?

69. Missionare und Kannibalen

Diese Aufgabe ist eine Variante des Rätsels von Wolf, Ziege und Kohlkopf, die einen Fluss überqueren wollen.
Dieses Mal sind es jedoch drei Missionare und drei Kannibalen, denen mitten im Dschungel eine Flussüberquerung bevorsteht. Das einzige Boot bietet nur Platz für zwei Personen. Die Missionare müssen sehr vorsichtig sein, dass auf keinem der beiden Ufer die Kannibalen in der Überzahl sind, da diese sonst leicht die Missionare überwältigen können.
Wie können die Missionare und die Kannibalen den Fluss überqueren?

70. Wörter mit System

Sie haben folgende Wortgruppierung:
Wand, Sand, Armband, Stand.
Welches Wort aus dieser Gruppe passt in die obere Gruppierung?
Eier, Korb, Bein, Fußball.

71. Rätselhafter Einkauf

Frau König belauscht in der Eisenwarenabteilung eines großen Kaufhauses ein seltsames Gespräch. Ein Kunde fragt: „Was kostet eins?" – „Vier Mark", lautet die Antwort der Verkäuferin. – „Und elf?" – „Acht Mark", erwidert die Verkäuferin. „Gut, dann hätte ich gerne dreihundertelf", verlangt der Kunde. „Das macht dann bitte zwölf Mark." Was hat der Kunde gekauft?

72. Diamantenfieber

Der Seefahrer Antonio gerät in die Gefangenschaft eines tyrannischen Herrschers. Dieser ist bekannt dafür, dass er mit seinen Gefangenen kurzen Prozess macht. In diesem Fall bedeutet das, er lässt sie seinen Krokodilen zum Fraß vorwerfen. Antonio hat jedoch Glück im Unglück: Am folgenden Tag ist ein hoher Festtag im Lande des Herrschers und zur Feier des Tages will der Tyrann Milde walten lassen. Er gibt Antonio zehn Diamanten und drei goldene Becher. „Wenn du es schaffst, die Diamanten so in den Bechern zu verteilen, dass sich in jedem Becher eine ungerade Zahl von Diamanten befindet, kommst du mit dem Leben davon." Wie kann Antonio diese Aufgabe erfüllen?

73. Geheimnisvolle Insel Illusia (4)

Anton und Bruno stammen ursprünglich aus dem Stamm der Lülüs von der Insel Illusia, leben aber schon lange im Ausland. Deshalb sind ihre Gewohnheiten nicht mehr ganz dieselben. Beide lügen nach wie vor, haben dabei aber eine seltsame Angewohnheit. Anton lügt am Donnerstag, Freitag und Samstag, sagt aber an den anderen Tagen die Wahrheit. Bruno dagegen lügt montags, dienstags und mittwochs und sagt an den anderen Wochentagen die Wahrheit. Dieter begegnet den beiden, hat aber vergessen, welcher Wochentag heute ist. Anton entgegnet: „Bei mir war gestern ein Lügentag." Bruno behauptet: „Bei mir auch." Welcher Tag ist heute?

74. Reiner Wein

Willi Winzer hat einen Krug, der randvoll mit acht Litern Wein ist, und zwei leere Krüge, von denen ein Krug drei Liter, der andere fünf Liter fasst. Nun kommt ein Kunde zu ihm und will vier Liter Wein kaufen. Wie kann Willi Winzer mit seinen Krügen genau vier Liter Wein abmessen?

75. Geheimnisvolle Buchstaben (3)

Wie heißt der fehlende Buchstabe in dieser Reihe?
S M S T ? J

76. Farbe bekennen

Wieder auf freiem Fuß macht sich Antonio sofort wieder auf Reisen und kommt ins Land des Königs Alfonso. Dieser hat eine wunderschöne Tochter namens Samira, in die sich Antonio auf den ersten Blick unsterblich verliebt. Doch leider ist er nicht der Einzige, der um Samiras Hand anhält. Da König Alfonso seine Tochter nur einem klugen Mann zur Frau geben will, müssen sich die hoffnungsvollen Bewerber einem Test unterziehen: Aus einer Goldkiste, die drei schwarze und zwei weiße Turbane enthält, nimmt Alfonso drei heraus und setzt sie den Männern

auf, jedoch ohne, dass diese wissen, welchen Turban sie aufhaben. „Wer mir zuerst die Farbe seines Turbans nennen kann, erhält Samira zur Frau."
Der erste Bewerber schaut die beiden anderen an, schüttelt den Kopf und sagt: „Ich weiß nicht."
Der zweite sieht ebenfalls die beiden anderen an und muss zugeben: „Ich weiß nicht."
Antonio sieht einen schwarzen und einen weißen Turban. Trotzdem kann er nach kurzer Bedenkzeit die Farbe seines Turbans verkünden. Welche Farbe hat dieser und warum?

77. Der Wettlauf

Die Stadtmeisterschaften in Leichtathletik stehen wieder an. Die vier guten Freunde Anton, Bernhard, Claus und Dieter treten im 400-Meter-Lauf gegeneinander an. Vor dem Start geben sie noch schnell ihre Prognosen für den Ausgang des Rennens ab.
Anton: „Dieter wird zwei Plätze vor Bernhard liegen."
Bernhard: „Dieter wird drei Plätze hinter Claus liegen."
Claus: „Dieter gewinnt."
Dieter: „Ich werde als Dritter ins Ziel kommen."
Nach dem Rennen stellt sich heraus, dass nur einer der vier Freunde Recht gehabt hat, und zwar der Sieger. In welcher Reihenfolge gingen die Läufer ins Ziel?

5. Worträtsel und Wortspiele

In diesem Kapitel wird mit den Möglichkeiten der deutschen Sprache gespielt: Wortschöpfungen durch Zusammensetzung von Wörtern, Wörter mit unterschiedlichen Bedeutungen und lustige Neudefinitionen von Wörtern tragen zum Ratespaß bei.

1. Gibt es ein Wort für eine Gesellschaft, deren Absicht auf Umsturz gerichtet ist?

2. Mit welchem Wort kann man einen Gesichtspunkt noch bezeichnen?

3. Was ist eine Perücke?

4. Wie kann man ein Massenverkehrsmittel für übernatürliche Wesen noch bezeichnen?

5. Gibt es ein anderes Wort für gesellige Hülsenfrüchte?

6. Was ist das?

fel fel

7. Was ist das?

nd

Was ist das?

8. Mit „h" biet ich dem Mensch ein Dach,
mit „m" stellt mir die Katze nach.

9. Mit „a" ein Badezimmerstück,
mit „o" bedeutet´s großes Glück.

10. Mit „k" bin ich ein junges Tier,
mit „h" fehlt eine Hälfte mir.

11. Mit „r" ein and'res Wort für Zimmer,
mit „b" steht er im Walde immer.

12. Mit „b" bin ich ein Lümmel,
ohne „b" bin ich im Himmel.

13. Mit „s" erwärmt sie Wald und Flur,
mit „t" enthält sie Abfall nur.

14. Mit „b" wird's eine Hauptstadt sein,
ohne „b" hat ihn das Schwein.

15. Mit „a" frisst´s grünes Gras,
mit „o" schützt´s uns vor manchem Nass.

16. Mit „h" er gern die Menschen weckt,
mit „z" er fest im Kiefer steckt.

17. Mit „z" ein and'res Wort für Nummer,
Mit „w" für Politiker oft ein Kummer.

18. Sie quält so gern das liebe Vieh,
doch gibt´s kein Auto ohne sie.

19. Mit ihm man stets das Auto lenkt,
und sie man dem Finanzamt schenkt.

20. Mit „w" hört man es lautstark brausen,
mit „r" grast's auf der Weide draußen.

21. Mit „a" ist niedrig, weich und grün,
mit „o" ein wunderschönes Blühn.

22. Mit „d" dämm' einen Fluss ich ein,
mit „k" mach ich dich morgens fein.

23. Vorwärts ist es feucht und trüb,
rückwärts ist's uns allen lieb.

24. Mit „b" wirft man mich gern herum,
mit „f" dagegen stürz' ich um.

25. Nimm Kopf und Fuß von dem, was heiß ist,
so erhältst du dann ein Tier, das weiß ist.

Wortgleichungen

Welche Worte verstecken sich hinter folgenden Rechenaufgaben?

26. Kraftfahrzeug + Gewichtseinheit = Unterschrift

27. Flächenmaß + Tapferkeit = Bedürftigkeit

28. Straßenbahn + Osteuropäerin = Turngerät

29. Männliches Wesen + Zuhause = Stadt am Rhein

30. Nicht groß – n + Stallmist = Gewand

31. Getrocknetes Gras + Entsetzen = Insekten

32. Unterer Teil des Beins + Spielgerät = Sportart

33. Nicht alt + Gewässer + Staat = Staat im Pazifischen Ozean

34. Nicht stumpf + kleiner Junge = Gauner

35. Teil eines Gedichtes + nutzloser Plunder = Klugheit

36. U-Bahn von Paris + Osteuropäer = Großstadt

37. Schmale Brücke + Ring = Improvisation

6. Gruselrätsel

tragen diesen Namen, weil sie oft einen gruseligen und makaberen Hintergrund haben.

Die Fälle scheinen meist so bizarr, dass sie ohne Zusatzinformationen nicht gelöst werden können. Deshalb findet der Rater im Anschluss an den Rätselteil (ab Seite 128) „Heiße Tipps" zur Lösung der Gruselrätsel.

1. Beichtgeheimnis

Ein Priester nimmt einem Mann die Beichte ab, der einen schrecklichen Mord begangen hat. Eine Woche später bringt sich der Priester um. Warum?

2. Das Loch

Ein Mann liegt tot auf dem Boden. In seinem maßgeschneiderten Anzug ist ein Loch. Keine Waffe war im Spiel, kein Anzeichen von Gewalteinwirkung ist zu erkennen. Wie ist der Mann gestorben?

3. Das Paket

Ein Mann liegt tot auf einer Wiese. Neben ihm liegt ein ungeöffnetes Paket. Kein anderes Lebewesen befindet sich in seiner Nähe. Wodurch starb der Mann?

4. Tod auf Bestellung

Ein Mann kommt in eine Kneipe und bestellt ein Bier. Da zieht der Mann hinter dem Tresen eine Pistole und erschießt ihn. Warum?

5. Lourdes

Ein junger Mann fährt in den Wallfahrtsort Lourdes und verbringt dort einige Tage, die er als sehr schön empfindet. Auf der Heimfahrt passiert jedoch etwas Seltsames. Als der Zug in einen ziemlich langen Tunnel einfährt, hören die Mitreisenden nach einiger Zeit einen Schuss aus dem Abteil des Mannes. Als sie nach der Ausfahrt aus dem Tunnel nach ihm sehen wollen, finden sie ihn mit einem Kopfschuss auf seinen Polstern zusammengesunken. Wie ist dieser Todesfall zu erklären?

6. Die Hundefreundin

Eine Frau hat einen Schäferhund, doch dann passiert ein Unglück. Die Frau kauft einen zweiten Schäferhund, der das Unglück etwas abschwächt. Einige Tage später stirbt die Frau, als sie mit einem der Hunde Gassi geht. Was ist passiert?

7. Naturwissenschaftliche Rätsel

sprechen besonders die Hobby-Einsteins unter den Ratern an. Hier sind nämlich Grundkenntnisse physikalischer Vorgänge gefragt, um zur Lösung der gestellten Aufgabe zu gelangen.

Leichte Fragen

1. Die Schubkarre

Ist es leichter, eine Schubkarre zu schieben oder zu ziehen?

2. Weinprobe

Willi Winzer steht mit seinem Lehrling streitend neben einem Weinfass. Der Lehrling behauptet, das Fass sei mehr als halb voll, Willi dagegen ist überzeugt, es sei weniger als halb voll. Leider haben sie kein Messinstrument zur Hand. Wie können die beiden Streithähne trotzdem herausfinden, wer von ihnen Recht hat?

3. Teekessel

In England wird bekanntlich so viel Tee getrunken wie in keinem anderen Land der Welt. Als Mrs. Smith einige Freundinnen zum Nachmittagstee eingeladen hat, muss sie daher gleich zwei Teekessel mit Wasser füllen. Die Kessel sind gleich groß, der erste ist fast bis zum Rand voll, im zweiten ist nur wenig Wasser. Als das Wasser zu kochen beginnt, kann sich Mrs. Smith nicht mehr erinnern, welches der volle Kessel ist. Wie kann sie das feststellen, ohne in die Teekessel hineinzuschauen oder sie hochzuheben?

4

4. Luftballons

Über dieses Phänomen hat wohl jeder als Kind schon einmal gestaunt: Reibt man einen aufgeblasenen Luftballon an einem Wollpullover und hält man ihn danach an die Zimmerdecke, so bleibt er dort stundenlang kleben. Warum ist das so?

5

5. Nord und Süd

Es ist klar, dass man vom Nordpol nicht nach Norden und vom Südpol nicht nach Süden blicken kann. Von welchem Punkt aus kann man zwar nach Norden und Süden blicken, nicht aber nach Osten oder Westen?

6

6. Sonnenuntergang

Wo und wie kann man die Sonne im Osten untergehen sehen?

7

7. Laderaum

Ein Lastwagenfahrer hat 500 Tauben geladen. Mitten auf einer einsamen Landstraße merkt er, dass ihm das Benzin zur Neige geht und er auch keinen Reservekanister dabei hat. Er beschließt, mit der Hand gegen den Lastwagen zu schlagen, um die Tauben zu erschrecken und sie so dazu zu bringen, in die Luft zu fliegen. Auf diese Weise hofft er, das Gesamtgewicht der Ladung zu verringern, sodass das Benzin noch länger ausreicht und er die nächste Tankstelle erreichen kann. Funktioniert der Plan des Lastwagenfahrers, vorausgesetzt der Laderaum ist luftdicht geschlossen?

8. Luftverschmutzung

Ein Chemiker will die Luftverschmutzung in München untersuchen. Zu diesem Zweck nimmt er sich ein Reagenzglas und fährt damit in die Stadtmitte. Natürlich weiß er, dass bei seinem Eintreffen das Reagenzglas noch mit Luft aus dem Labor gefüllt ist. Wie kann er sichergehen, dass die Luft im Glas auch wirklich aus der Stadtmitte Münchens stammt?

Mittelschwere Fragen

9. Erdanziehung

Wirkt auf einen Gegenstand im Inneren der Erde eine höhere oder niedrigere Erdanziehungskraft als auf der Erdoberfläche?

10. Wasserwaage

Wenn man in ein auf einer Waage stehendes Glas Wasser, das zur Hälfte gefüllt ist, eine Münze wirft, so zeigt die Waage die entsprechende Gewichtszunahme an. Was aber passiert, wenn man die Münze an ein Stück Schnur bindet und sie dann in das Wasser hineinhält?

11. Die Postkarte

Es ist unmöglich, eine der Länge nach gebogene Postkarte, die auf einem Tisch liegt, durch Pusten umzudrehen. Im Gegenteil, die Postkarte schmiegt sich enger an den Tisch an. Warum ist das so?

12. Heiß oder kalt?

Heißes Metall fühlt sich heißer an als Holz oder Plastik der gleichen Temperatur, kaltes Metall aber kälter. Woran liegt das?

13. Hitze

Bei trockener Luft kann ein Mensch Temperaturen von etwa 55 Grad Celsius überstehen, ohne sich Verletzungen zuzuziehen. In Wasser mit derselben Temperatur würde er sich dagegen verbrühen. Warum ist das so?

14. Kalter Kaffee

Kühlt eine Tasse Kaffee eigentlich schneller ab, wenn man sie zwei Minuten stehen lässt und dann ein Kännchen kalte Milch hineinschüttet, oder sollte man die Milch sofort hineingießen und dann zwei Minuten warten?

15. Wettervorhersage

Herr Schmidt hört den Reisewetterbericht im Radio. Leider ist der Empfang gestört, sodass Herr Schmidt nur noch mitbekommt, dass die Temperatur am 3. Juli an einem bestimmten Ort eine bestimmte Anzahl von Graden betrage. Ob es sich bei der Temperaturangabe um Celsius oder Fahrenheit handelt, wird nicht genannt. Der Name des Ortes geht in lautem Rauschen unter. Trotzdem weiß Herr Schmidt, um welchen Ort es sich handelt. Warum?

16. Hitzestau

Im Sommer scheint es oft bei geschlossenen Fenstern in einem Raum heißer zu sein, als wenn die Fenster geöffnet sind. Ist das wirklich so oder nur Einbildung?

17. Umweltverschmutzung

Eine Gruppe von Umweltsündern kippt zehn Fässer mit Giftmüll von einem Schiff in einen See. Jedes der Fässer wiegt 50 Kilogramm. Steigt der Wasserspiegel des Sees nun, sinkt er oder bleibt er gleich?

Schwere Fragen

18. Seemannsgarn

Der Kapitän Seebär ist wieder einmal in seinem Heimathafen vor Anker gegangen. Er unterhält seine Freunde, die alle Landratten sind, mit abenteuerlichen Geschichten aus seinem Leben auf See. „Eines Tages sind wir beinahe mit einem Eisberg zusammengestoßen, doch zum Glück hat er uns nur knapp gestreift. Leider sind durch dieses Unglück unsere Trinkwasserbehälter beschädigt worden. Aber wisst Ihr, was wir gemacht haben? Wir haben einfach ein paar Eisschollen aus dem Meer gefischt. Als sie geschmolzen waren, hatten wir wunderbares

Trinkwasser und waren gerettet." Können Seebärs Freunde dem Kapitän glauben?

19. Pfeffer und Salz

Herr Schmidt hat versehentlich Salz und Pfeffer durcheinander gebracht, sodass beide Gewürze vermischt sind. Nun will er aber seine Suppe salzen und sucht daher nach einer Möglichkeit, Pfeffer und Salz wieder zu trennen. Als einziges Hilfsmittel hat Herr Schmidt einen Plastiklöffel. Was kann er tun?

20. Eiswürfel

Professor Siebengescheit ist Naturwissenschaftler und wettet mit seinen Freunden, er könne einen Eiswürfel an einem Haar hochheben. Wie schafft er das?

21. Die Münze

Professor Siebengescheit hat ein Problem. Ihm ist eine Münze in einen mit Wasser gefüllten Teller gefallen. Weil der Professor alle Probleme immer auf die komplizierteste Art und Weise lösen muss, überlegt er, wie er die Münze wieder herausbekommen kann, ohne sich die Finger nass zu machen.
Ist das möglich?

8. Teekessel

Warum „Teekessel“ ausgerechnet „Teekessel“ heißen, weiß heute niemand mehr so genau. Fest steht jedoch, was mit dieser Bezeichnung gemeint ist: Teekessel sind Wörter, die mehrere Bedeutungen haben. Durch Hinweise auf diese unterschiedlichen Bedeutungen gilt es, den Begriff oder den Teekessel zu erraten. Diesem Ratevergnügen kann man einerseits alleine nachgehen, andererseits lässt sich „Teekessel“ auch in Gesellschaft spielen.

1. Mein Teekessel verrät viel Einfühlungsvermögen.
An meinen Teekessel hält sich der Klavierspieler.

2. Mein Teekessel wächst dem Mann im Gesicht.
Mein Teekessel „wächst“ an einem Gegenstand aus Metall.

3. Mein Teekessel liegt im Ruhrgebiet.
Mein Teekessel ist lebensnotwendig.

4. Bei meinem Teekessel bekommt man etwas.
Bei meinem Teekessel steht man herum.

5. Mein Teekessel geschieht in jedem Augenblick.
Mein Teekessel ist interessant oder langweilig.

6. Mein Teekessel ist ein Mensch.
Mein Teekessel ist Teil eines Apparats.

7. Mein Teekessel ist ein Eingriff.
Mein Teekessel ist ein Unternehmen.

8. Mein Teekessel hat weißes Haar.
Mein Teekessel ist ein Pilz.

9. Mein Teekessel ist künstlich.
Mein Teekessel ist aber auch künstlerisch.

10. Mein Teekessel geht von Hand zu Hand.
Mein Teekessel gehört fest zu einer Person.

11. Mein Teekessel ist Arbeitszeit.
Mein Teekessel ist ein soziales Gebilde.
Mein Teekessel liegt übereinander.

12. Mein Teekessel ist ein Gebäude.
Mein Teekessel befindet sich u.a. auch an Gebäuden.

13. Mein Teekessel ist ein Tier.
Mein Teekessel besteht aus Menschen.

14. Mein Teekessel trennt Menschen.
Mein Teekessel verbindet Menschen.

15. Mein Teekessel springt auf Turnieren.
Mein Teekessel wird auf Turnieren übersprungen.

16. Mein Teekessel weckt uns am frühen Morgen.
Mein Teekessel weckt die Lebensgeister in manchem von uns.

17. Mein Teekessel ist ein Vorbild.
Mein Teekessel ist ein buntes Bild.

18. Mein Teekessel treibt den Schüler an.
Mein Teekessel treibt den Klavierspieler vorwärts.

19. Mein Teekessel bedeutet einen Verlust.
Mein Teekessel ist eine Verpflichtung.

20. Mein Teekessel schwimmt.
Mein Teekessel lügt.

21. Mein Teekessel ist Teil der Natur.
Mein Teekessel ist Teil der Kultur.
Mein Teekessel ist Teil der Technik.

22. Mein Teekessel ist ein Vorschlag.
Mein Teekessel ist ein Verwaltungsgebilde.

23. Mein Teekessel ist eine Aufgabe.
Mein Teekessel ist eine Behörde.

24. Mein Teekessel wird betätigt.
An meinem Teekessel betätigt sich jemand.

25. Mein Teekessel fährt auf einer festgelegten Strecke.
Auf meinem Teekessel wird gefahren.

26. Mein Teekessel tut weh.
Mein Teekessel ist süß.

27. Mein Teekessel kann Glück bringen.
Mein Teekessel kann glücklich sein.

28. Mein Teekessel fließt.
Mein Teekessel sendet.

29. Auf meinem Teekessel sitze ich.
Auf meinen Teekessel lege ich etwas.

30. Mein Teekessel ist eine Menschengruppe.
Mein Teekessel ist eine Verwaltungseinheit.
Mein Teekessel ist eine geometrische Figur.

31. Mein Teekessel wird von der Katze gejagt.
Mein Teekessel jagt über den Bildschirm.

32. Mein Teekessel ist eine Gemeinschaft.
Mein Teekessel ist ein Ehrenzeichen.

33. Mein Teekessel fliegt im Herbst durch die Lüfte.
Meinen Teekessel gibt es nicht.

34. Mein Teekessel hat eine ganz spezielle Aufgabe.
Mein Teekessel ist meistens minderwertig.

35. Mein Teekessel hilft, den richtigen Weg zu finden.
Mein Teekessel hat schon so manchen vom rechten Wege abgebracht.

36. Mein Teekessel steht fast niemals still.
Mein Teekessel sitzt fest am Halse.

37. Mein Teekessel ist Lohn für Konzentration.
Mein Teekessel drückt eine Konzentration aus.

38. Mein Teekessel ist gerade jetzt.
Mein Teekessel ist gerade anwesend.

39. Mein Teekessel schützt vor Feinden.
Mein Teekessel greift Feinde an.

40. Mein Teekessel ist aus Holz.
Mein Teekessel ist aus Knochen.

41. Meinen Teekessel muss ich bezahlen.
Meinen Teekessel gewinne ich.

42. Mein Teekessel erleichtert mir die Arbeit.
Mein Teekessel verschönt mir die Freizeit.

43. Mein Teekessel ist ein Behälter.
Mein Teekessel wiegt etwas.

44. Mein Teekessel bewegt.
Mein Teekessel ist ein Leitgedanke.

45. Mein Teekessel bewegt sich fort.
Mein Teekessel ist Teil eines großen Raumes.

46. Mein Teekessel ist ein Zustand.
Mein Teekessel umfasst Grundsätze.

9. Ratekrimis

sind Detektivgeschichten, bei denen die Lösung im Text versteckt ist.

Aufmerksames Lesen und Kombinationsgabe sind hier gefragt, dann wird es Hobbydetektiven bestimmt nicht schwer fallen, den Täter zu ermitteln.

Leichte Ratekrimis

1. Der Zechpreller

Es ist Sonntagnachmittag und Kommissar Schnüffel befindet sich gerade auf dem Heimweg von einem Angelausflug. In dem kleinen Städtchen Neustadt beschließt er, im Gasthaus „Zum Grünen Baum" eine Kaffeepause einzulegen. Als er gerade in den Parkplatz der Wirtschaft einbiegen will, schießt ein blaues Auto heraus, streift beinahe Schnüffels Wagen und jagt dann mit heulendem Motor davon. Die Wirtin des „Grünen Baumes" steht wütend in der Türe und schimpft: „Einen Schweinebraten hat der Mann gegessen und ist dann abgehauen, ohne zu zahlen. Und wie der davongebraust ist, ich kam ihm überhaupt nicht mehr nach. Die Leute werden auch immer unverschämter!" Zum Glück hat sich Kommissar Schnüffel die Autonummer des Wagens notiert und beschließt, der Wirtin einen Gefallen zu tun. Am Montagmorgen ermittelt er daher zuerst den Fahrer des blauen

Wagens. Es ist Fritz Frei und nach Dienstschluss macht sich Schnüffel auf den Weg, dem Zechpreller einen Besuch abzustatten. „Auch wenn das nicht unbedingt in den Zuständigkeitsbereich eines Kriminalbeamten fällt, Herr Frei, so sollten Sie das nächste Mal doch lieber das Essen bezahlen, das Sie in einem Gasthaus verzehren." – „Na, hören Sie mal", erwidert Fritz Frei aufgebracht, „was bilden Sie sich eigentlich ein, ich habe es überhaupt nicht nötig, die Zeche zu prellen! Wo und wann soll denn das gewesen sein?" – „Gestern Nachmittag, in einer Gastwirtschaft in Neustadt." – „Ich war in meinem ganzen Leben noch nie in Neustadt, da sehen Sie, wie weit hergeholt Ihre Anschuldigungen sind." – „Ich habe Ihren Wagen aber mit eigenen Augen gesehen, Herr Frei, und Sie haben den Parkplatz der Wirtschaft ganz schön schnell verlassen, das kann ich Ihnen sagen." – „Unmöglich, Herr Kommissar, denn ich war übers Wochenende bei meinen Vetter in München und bin erst heute Morgen zurückgekommen, ich habe nämlich heute frei. Sie sehen also, ich kann gestern gar nicht im „Grünen Baum" in Neustadt gewesen sein." – „Da werden wir doch mal die Wirtin des „Grünen Baums" fragen, die wird Sie nämlich bestimmt wieder erkennen. Aber ich glaube, das können wir uns sogar ersparen, denn ich bin mir ganz sicher, dass Sie der Zechpreller sind."
Wie kann Kommissar Schnüffel das wissen?

2

2. Autokauf

Privatdetektiv Charlie Clever trifft zufällig seinen alten Bekannten Fritz Ford. Dieser freut sich über die Begegnung:

„Du musst mir helfen. Der Autohändler Nepp hat mich übers Ohr gehauen und mir eine Schrottkarre angedreht. Im Sommer letzten Jahres habe ich bei Nepp einen tollen Sportwagen gekauft, der angeblich generalüberholt war. Nepp gab mir sogar noch ein Jahr Garantie darauf. Doch nach ein paar Monaten machte der Motor plötzlich komische Geräusche, Nepp konnte aber nichts finden. Mitte Juli war der Motor dann ganz kaputt. Ich bin gleich zu Nepp, doch der sagte, ich hätte früher kommen müssen, ich hätte den Wagen am 31. Juni 1995 gekauft, die Garantie sei gerade zwei Wochen abgelaufen." – „Tja", entgegnet Clever, „mit dem Wagen hat Nepp dich angeschmiert, zum Glück hat er sich dabei aber dumm angestellt." Wieso?

3. Stromausfall

Endlich hat Kommissar Schnüffel einmal eine Woche Urlaub. Er beschließt, das schöne Wetter so richtig auszunützen und beginnt, Haus und Garten wieder auf Vordermann zu bringen. Den ganzen Vormittag hat er schon damit verbracht, ein neues Rosenbeet anzulegen, nun ist er dabei, das Garagentor zu ölen, da dieses schon so fürchterlich quietscht, dass die ganze Nachbarschaft Zeuge wird, wenn Schnüffel sein Auto benutzt. Als er dazu auf die Leiter klettert, fällt ihm auf der gegenüberliegenden Straßenseite ein Mann auf, der sich dort ohne besonderen Grund herumzutreiben und offensichtlich das Haus der Schnüffels zu bespitzeln scheint. Der Kommissar erzählt seiner Frau von seiner Beobachtung. „Du kannst auch nie abschalten. Genieße deinen Urlaub und

denke nicht immer nur an Verbrechen!", erhält er als Antwort. Trotzdem verschließt Schnüffel abends die Haustür besonders sorgfältig. Am nächsten Tag klingelt es an Schnüffels Tür. Durch den Spion kann der Kommissar einen jungen Mann in Elektrikeruniform erkennen. Bei genauerem Hinsehen entpuppt sich dieser jedoch als der verdächtige Mann vom Vortag. „Jetzt pass aber einmal auf", sagt Schnüffel zu seiner Frau, „ich wette, der Mann will unser Haus ausspionieren und herausfinden, ob es sich lohnt, hier einzubrechen. Aber er hat nicht damit gerechnet, dass hier ein Polizist wohnt, und ein ganz tüchtiger noch dazu. Mal sehen, ob ich nicht irgend etwas aus ihm herausbekomme!" Schnüffel öffnet schließlich die Haustür, nachdem die Glocke noch ein zweites Mal geklingelt hat. „Guten Tag", sagt der Elektriker, „dürfte ich bitte kurz hereinkommen? Ich arbeite für die Elektrizitätswerke und muss Ihre Stromleitungen kontrollieren. Die ganze Straße hat nämlich keinen Strom und es könnte sein, dass der Fehler bei Ihnen liegt." Daraufhin wird Schnüffel unwirsch: „Ach, geben Sie doch zu, dass Sie nur hier herumschnüffeln wollten. Sie hätten sich schon einen besseren Grund einfallen lassen müssen, damit ich Sie in mein Haus lasse."
Wodurch hat sich der angebliche Elektriker verraten?

4. Der Augenzeuge

Der Detektiv Fritz Fuchs verhört den Ganoven Heinz Heimlich: „Herr Heimlich, Sie werden beschuldigt, gestern gegen 23 Uhr in die Villa des Bankiers Michael Münze eingebrochen zu haben. Es fehlt Schmuck im Wert von mehreren Tausend

Mark." – „Kann gar nicht sein", entgegnet Heimlich, „gestern Abend war ich mit meiner Frau im Theater, 'Romeo und Julia,' wenn Sie es genau wissen wollen. Die Vorstellung dauerte bis halb zwölf und danach waren wir noch kurz in der Theaterkneipe." – „Es gibt aber einen Zeugen, der Sie am Jackett erkannt hat. Na, was sagen Sie dazu?" – „Pech gehabt, Herr Fuchs. Ich habe gar kein grünes Jackett und habe auch nie eines besessen." – „Nein, Sie sind derjenige, der hier Pech hat, Herr Heimlich, denn Sie haben sich leider selbst verraten." Wodurch?

Mittelschwere Ratekrimis

5

5. Erpressung

Der kleine Angestellte Max Klein ist schon lange mit seiner beruflichen Stellung unzufrieden. Überstunden, keinerlei Anerkennung, und das alles auch noch für einen Hungerlohn. Da kommt ihm die Idee, wie er den Coup seines Lebens landen könnte: Er will seinen Chef, Georg Großkopf, auf dem morgendlichen Weg ins Büro entführen lassen, um dann eine stattliche Summe Lösegeld verlangen zu können. Heute ist also der große Tag. Alles klappt wie am Schnürchen. Max Kleins Komplizen fangen Großkopf auf dem Weg zur Arbeit ab, überwältigen ihn und bringen ihn in ein sicheres Versteck. Als Großkopf nicht zur Arbeit erscheint, werden die Angestellten unruhig. Um sich von jeglichem Verdacht reinzuwaschen, ruft Max Klein höchstpersönlich bei Großkopf zu

Hause an, um sich nach dem Verbleib seines Chefs zu erkundigen. Leider wird er nur mit dem Anrufbeantworter verbunden und hinterlässt folgende Nachricht: „Guten Morgen, Frau Großkopf, hier ist Max Klein. Es ist schon nach neun Uhr und Ihr Mann ist noch nicht auf der Arbeit. Wo bleibt er denn?" Als Kommissar Schnüffel diese Botschaft hört, beschließt er, sich Max Klein einmal näher anzusehen und siehe da! – dieser ist schon bald geständig.
Was kam Kommissar Schnüffel an Max Kleins Nachricht verdächtig vor?

6

6. Überfall

Die Tankstelle in der Ludwigstraße ist überfallen worden. Zum Glück konnte der Tankwart eine einigermaßen detaillierte Beschreibung der Täter liefern, sodass Kommissar Schnüffel kurz darauf Bert Bräu als einen der Räuber festnehmen kann. Über seinen Komplizen schweigt sich Bräu leider aus. Die Beschreibung des Tankwarts passt jedoch auf Max Made. Kommissar Schnüffel beschließt, Max einen Besuch abzustatten, um sein Alibi zu überprüfen. „Guten Tag, Herr Made, ich bin Kommissar Schnüffel. Ich würde Ihnen gerne ein paar Fragen stellen." – „Nur zu", entgegnet Max, „ich habe nichts zu befürchten." – „Das freut mich sehr, Herr Made. Sagt Ihnen der Name Bräu etwas?" – „Nie gehört", erwidert Max, „wer soll das denn sein?" – „Herr Bräu hat gestanden, gestern Abend gegen 20.30 Uhr die Tankstelle an der Ludwigstraße überfallen und ausgeraubt zu haben. 5.000 Mark hat er dabei erbeutet. Das Problem ist nur,

er hatte einen Komplizen. Aber dessen Namen will er uns nicht verraten." – „Und dieser Komplize soll nun ich gewesen sein", folgert Max Made, „aber Sie haben Pech, ich war nämlich um die Tatzeit mit einigen Kumpels in meiner Stammkneipe, dem 'Grünen Baum'. Es gibt jede Menge Leute, die das bezeugen können." – „Das mag schon sein, aber wie erklären Sie sich dann, dass der Tankwart eine Beschreibung abgeliefert hat, die genau auf Sie zu passen scheint, Herr Made? Sehen Sie sich das Phantombild doch an! Aufgrund der Aussage des Tankwarts konnte auch Bräu überführt werden, also muss wohl etwas Wahres dran sein." – „Ich habe ihnen doch schon gesagt, dass ich den Namen Bert Bräu noch nie im Leben gehört habe!" braust Max auf, „und außerdem habe ich ein Alibi, das eine ganze Menge Menschen bestätigen können! Zählt das denn heute überhaupt nichts mehr?" – „Natürlich zählt das noch, aber nur wenn das Alibi auch stimmt", entgegnet Kommissar Schnüffel freundlich. „Aber leider befürchte ich in Ihrem Fall, dass Sie doch etwas mit dem Überfall zu tun haben. Bitte, kommen Sie mit aufs Präsidium."
Wodurch hat sich Max Made verdächtig gemacht?

7. Mord bei Tagesanbruch

Der Juwelier Stein, ein passionierter Jäger, ist am frühen Morgen erschossen worden. Seine Nichte hat ihn gefunden und gleich die Polizei verständigt. Soeben hat Kommissar Schnüffel die Tatwaffe entdeckt. „Aus einer Waffe ist noch vor kurzem geschossen worden. Danach hat der Täter sie wieder zu den anderen Schusswaffen in den Schrank gelegt." Sandra Stein, die Nichte des Opfers, macht folgende Aussage: „Ich kam gerade vom Brötchen holen, da hörte ich zwei Schüsse. Ich bin sofort ins Haus gerannt und fand Onkel Franz tot auf. Dann habe ich sofort die Polizei verständigt." Auch Sandras Mutter ist ganz schockiert. „Ich hatte noch geschlafen. Die Revolverschüsse haben mich aufgeweckt. Wirklich furchtbar!" Steins Chauffeur gibt offen zu: „Wir konnten uns nicht leiden, er war ein unangenehmer Chef. Aber ihn deshalb gleich umbringen? Den Schuss – oder waren es mehrere? – habe ich nicht gehört." Schnüffel weiß, dass einer der Verhörten der Täter ist. Wer?

8

8. Fahrraddiebe

Frau Schmidts Fahrrad ist gestohlen worden. Sie hatte es an die Wand des Geräteschuppens in Frau Maiers Garten gelehnt und war kurz ins Haus gegangen, um mit ihrer Freundin Frau Maier eine Tasse Kaffee zu trinken. Als sie wieder nach draußen kam, war das Fahrrad verschwunden – und das am helllichten Tage, um zwölf Uhr mittags, genau gesagt. Kommissar Schnüffel befragt Frau Maiers Nachbarn, um herauszufinden, ob jemand etwas Verdächtiges gesehen habe. Da drängt sich die kleine Susi nach vorne, ein Nachbarskind, das sich gerne ein bisschen wichtig macht. „Ich weiß, wer es war. Es waren die zwei Männer, die heute von Haus zu Haus gingen und Teppichreiniger verkauften. Ich habe es von unserer Küche aus gesehen!" – „So ein Unsinn", sagt Susis Mutter, „du kannst von unserer Küche doch Frau

Maiers Geräteschuppen überhaupt nicht sehen!" – „Natürlich nicht", entgegnet Susi daraufhin, „aber ich habe die Schatten der beiden Männer gesehen, wie sie das Fahrrad wegrollten, ganz lange Schatten waren das!" – „Wenn du noch einmal so einen Unsinn erzählst, bekommst du eine Woche Hausarrest, du lügst ja wie gedruckt", schimpft Susis Mutter aufgebracht. Wie hat sie gemerkt, dass ihre Tochter nicht die Wahrheit sagt?

9. Der Straßenkehrer

Es ist Dienstag, der 7. August, 14.30 Uhr. In Neustadt ist gerade ein Juweliergeschäft überfallen worden. Ein junger Mann gab vor, für seine Verlobte eine Perlenkette kaufen zu wollen. Während der Juwelier immer neue Ketten aus dem Tresor holte, gelang es dem Täter, unbemerkt mehrere Ringe und Armreifen einzustecken. Insgesamt wurde Schmuck im Wert von 20.000 DM gestohlen. Zum Glück kann der Juwelier den Täter einigermaßen detailliert beschreiben: „Es war ein junger Mann, vielleicht um die 25 Jahre alt. Er war etwa 1,75 Meter groß und hatte dunkle Haare. Trotz der großen Hitze trug er eine lange Hose und einen grünen Anorak. Er flüchtete nach Osten, Richtung Autobahn. Er kann noch nicht weit gekommen sein." Daraufhin springt Kommissar Schnüffel sofort in seinen Dienstwagen und rast Richtung Autobahn. Nicht weit vom Juweliergeschäft entfernt sieht er einen Straßenkehrer, der gerade damit beschäftigt ist, den Bürgersteig zu reinigen. Größe, Haarfarbe und Alter des jungen Mannes stimmen in etwa mit der

Beschreibung des Juweliers überein, jedoch trägt er eine Latzhose ohne Hemd oder T-Shirt darunter. Trotzdem beschließt Schnüffel, dem Straßenkehrer einige Fragen zu stellen, denn er könnte schließlich ein wertvoller Augenzeuge sein. „Also, ich habe niemand gesehen, auf den die Beschreibung passt", erklärt der junge Mann, „und ich arbeite jetzt schon eineinhalb Stunden in der Gegend. Ganz schön unangenehmer Job bei der Hitze, das kann ich Ihnen sagen. Ich hoffe, dass ich in einer Stunde hier fertig bin, dann gehe ich noch mit Freunden zum Baden. Viel Glück dann noch mit Ihren Ermittlungen. Wollen Sie vielleicht noch ein Stück Schokolade zur Stärkung? Sie haben bestimmt noch einen langen Tag vor sich!" Mit diesen Worten zieht der junge Mann eine Tafel Schokolade aus der Tasche seiner Latzhose und bricht eine Reihe für Kommissar Schnüffel ab. „Vielen Dank", entgegnet dieser, „trotzdem kommt mir etwas an ihrer Geschichte ein bisschen faul vor. Ich würde Ihnen gerne noch ein paar Fragen stellen, schließlich könnten Sie ja ein Komplize des Täters sein."
Was kam Kommissar Schnüffel an der Geschichte des Straßenkehrers verdächtig vor?

Schwere Ratekrimis

10. Drei todsichere Alibis

Kommissar Schnüffel wird einmal wieder zu einem Einbruch gerufen. Dieses Mal ist das Haus des Bankiers Karl Krösus überfallen worden. Die Spurensicherung leistet gute Arbeit und als Schnüffel die Ergebnisse durchsieht, stellt er fest, dass aufgrund der Vorgehensweise des Täters drei altbekannte Einbrecher als Täter in Frage kommen. Er lädt Max Made, Fritz Frei und Harry Heimlich ins Präsidium vor, erläutert kurz die Sachlage und stellt dann die entscheidende Frage: „Also, meine Herren, wo waren sie am Donnerstag, dem 17. Mai, zwischen 21 und 22 Uhr?" Daraufhin geben die Verdächtigen folgende Aussagen zu Protokoll:

Max Made: „Also, ich war mit meiner Frau im Kino. Wir haben uns 'Der weiße Hai' angesehen, wirklich ein spannender Film, auch wenn der Hai manchmal doch ein bisschen unecht aussieht. Hier sind unsere Karten. Sehen Sie, 17. Mai, Abendvorstellung 20.30 Uhr, Reihe 10, Plätze 3 und 4. Neben uns saß eine Familie, Vater, Mutter und eine Tochter im Teenageralter. Das weiß ich so genau, weil wir ein bisschen zu spät dran waren, kein Parkplatz, Sie wissen ja wie das ist, und die Familie musste aufstehen und uns vorbeilassen, wir hatten ja die Plätze gleich daneben. Wenn Sie die ausfindig machen können, dann werden sie bestimmt bezeugen können, dass meine Frau und ich in dieser Kinovorstellung waren."

Fritz Frei: „Ich habe leider kein richtiges Alibi für den betreffenden Abend. Ich war nämlich zu Hause und habe ferngesehen, ein spannender Krimi kam da, da konnte ich noch eine Menge lernen, hähähä. Nein, Spaß beiseite, so gegen halb zehn Uhr habe ich dann meinen Vetter Karl Keile angerufen und mich mit ihm für den nächsten Abend zum Kegeln verabredet. Sie können ihn ruhig fragen, er wird das bestätigen. Er hat mir dann noch den neuesten Klatsch aus dem Büro erzählt, in dem er arbeitet. Ich hätte wohl kaum die Ruhe gehabt, ihm zuzuhören, wenn ich gerade damit beschäftigt gewesen wäre, die Villa von Krösus auszurauben, oder?"

Harry Heimlich: „Ich war wie jeden Donnerstagabend im Fitnessstudio. Ich habe von 20 bis 21 Uhr mit Hanteln trainiert und bin nach dem Duschen und Umziehen noch mit den anderen Jungs in die Kneipe gegangen. Dort sind wir dann bis etwa elf Uhr geblieben. Sie sehen also, ich war zur Tatzeit gleich mit mehreren anderen zusammen, und es gab auch keinen Moment, in dem ich mich unbemerkt hätte davonschleichen können."

„Ich danke Ihnen für Ihre Aussagen, meine Herren", entgegnet Kommissar Schnüffel freundlich. „Sie scheinen alle hieb- und stichfeste Alibis zu haben. Trotzdem gibt es jemanden unter Ihnen, dem ich gerne noch ein paar zusätzliche Fragen stellen möchte."

Wessen Alibi kam Kommissar Schnüffel verdächtig vor?

11. Der Lebenslauf

Herr Grabler ist Personalchef einer großen Baufirma. Täglich flattern ihm eine große Menge Bewerbungen auf den Tisch. Die meisten von diesen kann er jedoch nur kurz überfliegen und muss den hoffnungsvollen Bewerbern Absagen erteilen. Heute, am 13.10.1996, liegt jedoch ein recht viel versprechender Lebenslauf auf seinem Schreibtisch:

„Ich heiße Martin Maier und wurde am 9. September 1960 in Augsburg geboren. Mein Vater, Horst Maier, war Lehrer am

Luisengymnasium, meine Mutter, Berta Maier, Arzthelferin bei einem renommierten Herzspezialisten.
Von 1966 bis 1970 besuchte ich die Wilhelmsgrundschule in Augsburg, 1970 wechselte ich aufs Städtische Gymnasium, ebenfalls in Augsburg, über, das ich 1979 mit dem Abitur verließ. Danach begann ich mein Ingenieurstudium in München, das ich nach zehn Semestern mit dem Titel eines „Dipl.-Ing." abschloss. Anschließend arbeitete ich fünf Jahre lang im Ingenieurbüro Huber, ebenfalls in München. 1989 ging ich für zwei Jahre nach Sri Lanka, wo ich maßgeblich am Bau mehrerer bedeutender Brücken beteiligt war. Nach meiner Rückkehr nach Deutschland fand ich sofort eine Anstellung am Lehrstuhl für Ingenieurwissenschaften der Universität Berlin. Nach zwei Jahren beschloss ich jedoch, wieder in die Praxis zurückzukehren, und bin nun seit vier Jahren im Ingenieurbüro Schmidt in Hamburg angestellt, wo ich mich in ungekündigter Stellung befinde.
Von meiner Tätigkeit in ihrer Firma erhoffe ich mir ein weites Aufgabenfeld, praxisnahe Arbeit und einen Schritt hin zu einer verantwortungsvollen Position."
„Alle Achtung", denkt Herr Grabler, „dieser Mann hat ja wirklich einiges an Berufserfahrung." Gerade will er zum Telefonhörer greifen und den viel versprechenden Bewerber zu einem Vorstellungsgespräch einladen, als sein Blick noch einmal auf den Lebenslauf fällt und ihn etwas stutzig werden lässt.
Was kommt Herrn Grabler an dem Lebenslauf ein bisschen komisch vor?

10. Pass-auf-Geschichten

sind ähnlich wie die Ratekrimis aus dem vorigen Kapitel Geschichten, bei denen die Lösung meist im Text versteckt ist oder leicht erraten werden kann, jedoch fehlt ihnen der kriminelle Hintergrund. So wird der Rater oft auf eine falsche Fährte gelockt, hat er aber allen Details der Geschichte – auch denen, die am wenigsten wichtig erscheinen – die nötige Aufmerksamkeit gewidmet, so wird ihm die Lösung sicherlich nicht schwer fallen.

1. Der Alptraum (1)

Herr Schmidt hat einen schrecklichen Alptraum. Er rennt eine enge Gasse entlang, verfolgt von zwei maskierten Männern, die es auf seine Brieftasche abgesehen haben. Die Männer kommen immer näher. Plötzlich versperrt ihm eine zwei Meter hohe Mauer den Weg. Herr Schmidt könnte leicht hinüberklettern, hört aber auf der anderen Seite wütendes Hundegebell. Was soll er tun?

2. Ebbe und Flut

Ein Maler streicht die Außenwand des Schiffes Santa Maria. Dazu hat er an der Reling eine Strickleiter befestigt, deren Sprossen genau 28 Zentimeter voneinander entfernt sind.

An der dritten Sprosse von unten hat er ein Brett befestigt, auf dem er nun sitzt und die Wand des Schiffes streicht. Im Laufe seiner Tätigkeit setzt die Flut ein und der Wasserspiegel steigt um insgesamt 135 Zentimeter. Um wie viele Sprossen muss der Maler das Brett nach oben bewegen, um keine nassen Füße zu bekommen?

3. An der Nordseeküste ...

An einem Kai an der Nordseeküste sitzen drei Männer, ein Deutscher, ein Däne und ein Norweger, und angeln. Am Abend behauptet der Norweger eine Scholle, der Däne einen Hecht und der Deutsche eine Makrele gefangen zu haben. Einer von ihnen lügt. Wer?

4. Der Langschläfer

Herr Schmidt ist nach einem anstrengenden Arbeitstag hundemüde und geht daher schon um 20 Uhr ins Bett. Da am nächsten Tag Samstag ist, kann er ausschlafen und stellt seinen Wecker auf neun Uhr. Wie viele Stunden Schlaf kann Herr Schmidt genießen?

5. Postprobleme

Professor Siebengescheit nimmt an einem wichtigen Kongress in Berlin teil. Er hat seine Haushälterin beauftragt, ihm seine Post ins Hotel nachzuschicken. Doch leider hat er in seiner Zerstreutheit den Briefkastenschlüssel mitgenommen, so dass die Haushälterin nicht an die Post des Professors herankommt. Nachdem er das Missgeschick telefonisch aufgeklärt hat, schickt Professor Siebengescheit den Briefkastenschlüssel an seine eigene Adresse, damit seine Haushälterin ihn findet. Trotzdem erhält er auch weiterhin keine Post. Warum?

6

6. Archäologenlatein

Der berühmte Archäologe Gerd Grabowski bietet einem renommierten historischen Museum eine römische Steintafel mit lateinischer Inschrift an. Der Museumsleiter gesteht: „Meine Lateinkenntnisse sind schon ziemlich eingerostet. Könnten Sie die Inschrift bitte für mich übersetzen?" – „Natürlich", entgegnet Grabowski, „auf der Tafel steht *Zum Gedenken an meinen Sklaven Servatius, der mir in der großen Schlacht gegen die Germanen das Leben rettete. Claudius, im Jahre 78 v. Chr.*" – „Ganz so dumm, wie Sie glauben, bin ich dann doch nicht. Die Tafel können Sie gerne behalten", empört sich der Museumsleiter. Was stört ihn an der Inschrift?

7

7. Busfahrt

Ein Bus fährt durch München. Es ist später Vormittag und nicht viel Verkehr. Im Bus sitzen nur zwei Personen. Der Bus hält an der ersten Station. Vier Leute steigen ein, niemand verlässt aber den Bus. An der zweiten Haltestelle kommen 21 dazu, 13 steigen aus. An der nächsten Haltestelle gibt es acht Einsteiger und neun Aussteiger. Am Odeonsplatz verlässt niemand den Bus, aber 13 Leute steigen ein. An der Universität strömen dann 18 hinaus, ein steigt niemand. An der Endhaltestelle verlassen schließlich die letzten Passagiere den Bus. Wie oft hat der Bus gehalten?

8

8. Die Wettervorhersage

Es ist der 31. Oktober, Mitternacht. Draußen tobt ein fürchterlicher Sturm, der Wind heult um die einsame Hütte von Ernst Einsiedler. Der Wetterbericht versucht, die Bevölkerung zu beruhigen: „Spätestens in 72 Stunden wird der Himmel wieder strahlend blau sein und die Sonne wird scheinen. Es besteht also nicht der geringste Grund zur Besorgnis." – „Diese Wetterfritzen werden auch immer dreister. Was die uns alles erzählen", schimpft Ernst Einsiedler und schaltet empört das Radio aus. Was stimmt an dieser Wettervorhersage nicht?

9

9. Der Nachtwächter

Ein reicher Geschäftsmann muss dringend mit der Morgenmaschine nach New York fliegen. Als er sich gerade auf den Weg zum Flughafen machen will, hält ihn sein Nachtwächter auf: „Ach bitte, nehmen Sie nicht die Morgenmaschine. Ich habe heute Nacht geträumt, dass dieses Flugzeug abstürzt und meine Träume haben sich schon oft bewahrheitet." Der Geschäftsmann hört auf den Rat seines Angestellten und nimmt ein späteres Flugzeug. Die Morgenmaschine stürzt tatsächlich ab, keines der Opfer überlebt. Trotzdem entlässt der Geschäftsmann nach seiner Rückkehr den Nachtwächter, jedoch nicht, ohne ihn großzügig zu belohnen. Warum verhält er sich so?

10

10. Scherben bringen Glück

Herr Schmidt ist bei seinem Bekannten Neureich eingeladen. Versehentlich stößt er dabei ein teuer aussehendes Glas von einem antiken dreibeinigen Mahagonitisch und das Glas zerspringt in tausend Scherben. Da er Angst hat, für den Schaden aufkommen zu müssen, behauptet Herr Schmidt, der Tisch habe gewackelt und das Glas sei dadurch hinuntergefallen. „Das glauben Sie doch selbst nicht", entgegnet Herr Neureich daraufhin, „und außerdem war das sowieso ein billiges Glas. Sie haben also ganz umsonst geschwindelt." Wie hat Herr Neureich bemerkt, dass Herr Schmidt gelogen hat?

11. Der Alptraum (2)

Frau Schmidt und Frau Meier unterhalten sich über den plötzlichen Tod von Frau Huber. „Stellen Sie sich vor", sagt Frau Schmidt, „daran ist nur dieser Krimi von Samstag Abend schuld. Frau Huber hat alles noch einmal im Traum nacherlebt. Sie rennt die dunkle Gasse entlang, der Mörder holt sie ein, eine Hand legt sich um ihren Hals und sie spürt ein Messer im Rücken. In diesem Moment rüttelt ihr Mann sie wach und sie bekommt vor Schreck einen Herzinfarkt. Sie war sofort mausetot." – „Also meine liebe Freundin, ich weiß ja, dass du Krimis liebst, aber jetzt bist du ein bisschen zu weit gegangen." Woran bemerkt Frau Meier, dass die Phantasie mit ihrer Freundin durchgeht?

12. Der Ballonwettbewerb

Beim Betriebsfest der Firma Reich in München wird ein Luftballon-Wettbewerb veranstaltet. Dabei erhalten die Teilnehmer je einen mit Helium gefüllten Luftballon, an dem eine Postkarte befestigt ist. Schließlich werden dann alle Ballons zusammen fliegen gelassen. Derjenige, dessen Ballon die weiteste Strecke zurückgelegt hat, gewinnt einen Geldpreis von 500 Mark. Etwa drei Tage nach dem Start der Luftballons beginnen die Postkarten bei der Firma Reich einzutrudeln: Augsburg, Ulm, Neuburg an der Donau, ja sogar eine Postkarte aus Stuttgart ist dabei. Lange Zeit sieht es so aus, als ob die Stuttgarter Postkarte der Gewinner wäre, doch dann trifft plötzlich eine in Prag abgestempelte Karte bei der Firma Reich ein. „Na, das dürfte wohl unser Sieger sein", denkt Günther Reich, der Firmeninhaber. Gerade als er zum Telefon greifen will, um den glücklichen Gewinner zu benachrichtigen, stutzt er jedoch. Was kommt Herrn Reich plötzlich seltsam vor?

11. Rätsel-geschichten

In diesem Kapitel finden sich Geschichten, die auf den ersten Blick zwar rätselhaft erscheinen, beim näheren Betrachten aber ganz normale Erklärungen haben: Ein alltäglicher Vorgang wird in ein geheimnisvolles Gewand gekleidet.

1

1. Der Bestseller

Zwei Frauen stehen vor dem Schaufenster einer Buchhandlung. Sie betrachten ein Buch, das groß beworben wird und sogar einen Preis gewonnen hat. „Dieses Buch scheint ganz interessant zu sein, ich habe gestern in der Zeitung darüber gelesen", sagt die eine der beiden Frauen und zeigt auf einen Krimi. „Das kenne ich schon", entgegnet die andere. „Ach, haben Sie es schon gelesen?", fragt die erste Frau daraufhin. „Nein, und es ist mir auch nicht vorgelesen worden." Wie geht das?

2

2. Autodiebstahl

Ein Mann steht an einer Kreuzung. Er war einkaufen. Es ist Geschäftsschluss, viele Autos fahren vorbei. Plötzlich sieht er ein Auto und weiß sofort: Dieses Auto ist gestohlen. Woher weiß er das?

3. Wolkenbruch

Herr Schmidt macht einen weiten Spaziergang. Als er von zu Hause aufbrach, war der Himmel strahlend blau, ohne auch nur ein einziges Wölkchen. Doch plötzlich sieht er Wolken heraufziehen und kehrt um. Leider ist er jedoch so weit von zu Hause entfernt, dass er nicht mehr trockenen Fußes nach Hause gelangt. Ein wahrer Wolkenbruch stürzt vom Himmel. Natürlich hat Herr Schmidt weder Hut noch Regenschirm dabei, denn als er sein Haus verließ, war ja wunderschönes Wetter. Trotzdem werden seine Haare nicht nass. Warum?

4. Buchübergabe

Eine Frau übergibt einem Mann hinter einem Zahltisch ein Buch. Dieser sieht das Buch an und entgegnet: „Das macht dann zwei Mark, bitte." Die Frau bezahlt und verlässt das Gebäude, das Buch lässt sie zurück. Obwohl der Mann dies beobachtet, ruft er sie nicht zurück. Was ist passiert?

5. Flucht

Ein Bankräuber befindet sich auf der Flucht vor der Polizei. Er verbirgt sich im Publikum eines überfüllten Kinos. Plötzlich bemerkt er, wie Polizisten in Zivil nach und nach alle Ausgänge besetzen und ihn einzukreisen beginnen. Dennoch gelingt es ihm, zu entkommen. Wie schafft er das?

6. Reifenwechsel

Herr Schmidt will einen Reifen an seinem Auto wechseln. Leider fallen ihm die vier Muttern, die er braucht, um das Rad an der Achse zu befestigen, in einen Gully. Wie kann er seine Fahrt trotzdem fortsetzen?

7. Die Fahrt im Aufzug

Ein Mann arbeitet im 27. Stock eines Bürohochhauses in Frankfurt. Auf seinem Weg zur Arbeit fährt er mit dem Aufzug bis in den 20. Stock, für die restlichen Stockwerke benutzt er die Treppe. Am Abend fährt er dagegen mit dem Aufzug bis ins Erdgeschoss und geht dann nach Hause. Warum verhält sich der Mann so?

8. Die Spieler

Vier Männer gehen in die Kneipe 'Zum Grünen Bock' und spielen dort die ganze Nacht. Als sie aufhören, hat jeder von ihnen mehr Geld als zuvor. Was ist hier vor sich gegangen?

9. Der Briefmarkensammler

Ein Mann besitzt eine sehr seltene Briefmarke, die 30.000 Mark wert ist. Trotzdem vernichtet er sie. Warum?

10. Todesurteil

In einem Land im Orient lebt ein grausamer Herrscher, der seine gefangenen Feinde nur zu gerne hinrichten lässt. Um nach außen hin den Anschein von Milde zu erwecken, gibt er den zum Tode Verurteilten eine letzte Chance. Sie dürfen zwischen zwei Kästchen wählen, in denen einmal ein Diamant und einmal ein Kieselstein ist. Man kann aber von außen nicht erkennen, was sich in dem jeweiligen Kästchen befindet.

Wählt der Verurteilte das Kästchen mit dem Diamanten, so wird er freigelassen, erwischt er jedoch das mit dem Kieselstein, so wird er hingerichtet. Seltsamerweise gelang es bis jetzt aber noch niemandem, das Kästchen mit dem Diamanten zu wählen. Eines Tages steht wieder ein junger Mann vor dieser schwierigen Aufgabe. Er entscheidet sich für eines der Kästchen, öffnet es und schluckt den Inhalt sofort hinunter, ohne dass jemand diesen hätte erkennen können. Warum macht er das?

11. Merkwürdige Autofahrt

Ein Mann steigt in sein Auto, das auf einer geraden Straße geparkt ist, die Front des Wagens zeigt nach Süden. Er fährt los, bemerkt jedoch nach etwa einem Kilometer, dass er sich nördlich seines Ausgangspunktes befindet. Wie geht das?

12. Einbahnstraße

Ein Polizist beobachtet einen LKW-Fahrer, der in einer Einbahnstraße in der falschen Richtung unterwegs ist. Er hält ihn aber trotzdem nicht an. Warum?

13. Mühle

Zwei Freunde spielen sieben Partien Mühle. Jeder von ihnen gewinnt und verliert gleich viele Spiele. Wie geht das?

14. Notoperation

Bei einem tragischen Autounfall wird der angesehene Chirurg Messer getötet. Seine Tochter überlebt schwer verletzt und wird sofort mit dem Rettungshubschrauber ins nächste Krankenhaus gebracht. Als sie in den Operationssaal gefahren wird, ruft ein Mitglied des Operationsteams entsetzt aus: „Um Gottes Willen, das ist ja meine Tochter!" Wie geht das?

15. Glücklich

Eine Frau betritt zusammen mit einem älteren Mann ein Gebäude. Als sie mit einem anderen Mann am Arm wieder hinausgeht, wird sie von den Leuten draußen mit Gegenständen beworfen. Trotzdem freut sie sich. Was geht hier vor?

16. Entführung

Ein Mann wird von drei Unbekannten entführt und betäubt. Als er wieder zu sich kommt, stellt er fest, dass man ihm die Augen verbunden hat, und zwar so fest, dass er den Verband selbst nicht lösen kann. Indem er um sich herumtastet, kann er feststellen, dass er sich in einem Raum befindet, der etwa zwei mal zwei Meter misst und auch etwa zwei Meter hoch ist. Ein Fenster oder eine Türklinke kann er dagegen nicht ertasten. Plötzlich beginnt die Erde zu beben. Als das Beben zu Ende ist, sind plötzlich die Entführer wieder in der Nähe und bringen den Mann in einen anderen Raum. In was für einem Raum war der Mann zuerst gefangen?

17. Die Geburtstagsfeier

Herr Schmidt feiert seinen fünfzigsten Geburtstag ganz groß in einem feinen Restaurant. Am nächsten Tag sind alle seine

Gäste krank. Trotzdem hat ihre Erkrankung nichts mit dem Restaurantbesuch zu tun. Was ist passiert?

18

18. Der Golfspieler

Ein Golfspieler steht kurz davor, ein wichtiges Turnier zu gewinnen. Am letzten Loch schlägt er jedoch den Ball so unglücklich, dass dieser in eine Papiertüte rollt. Ihm scheinen nur zwei Möglichkeiten zu bleiben, von denen ihm keine besonders attraktiv erscheint: Entweder er schlägt den Ball aus der Tüte heraus und verschenkt so einen Schlag, oder er schlägt den Ball mit Tüte, kann aber so den Schlag nicht richtig einschätzen und riskiert wiederum, einen Schlag zu vergeuden. Plötzlich kommt ihm die rettende Idee. Was kann er tun?

19

19. Merkwürdige Bahnfahrt

Fritz Fleißig ist Geschäftsführer einer bedeutenden Firma. Eines Tages steigt er in eine überfüllte Bahn und ist äußerst angespannt und nervös. Am Ende der Fahrt ist ihm zwar ein bisschen übel, aber er ist seine Sorgen los. Warum?

12. Streichholz- und Münzspiele

bedürfen eigentlich keiner weiteren Erklärung. Neben logischem Denken ist hier auch die räumliche Vorstellungskraft der Ratefüchse gefordert, da man oft nur ein oder zwei Hölzchen umlegen muss, um dem Rätsel auf die Spur zu kommen.

1

1. Aus einem werden drei

Wie kann man dieses Dreieck durch Umlegen der Hölzchen in drei Dreiecke verwandeln?

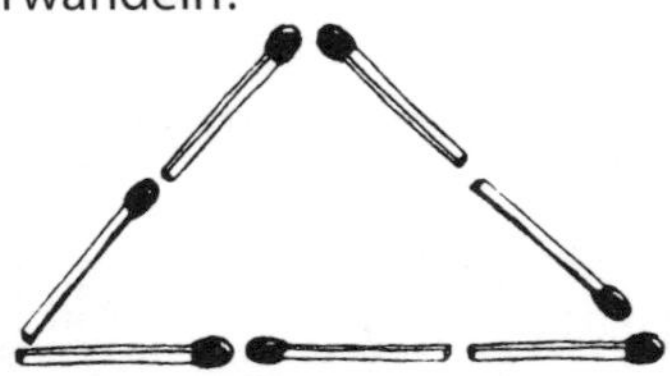

2

2. Aus vier mach drei

Wie kann man aus diesen vier Quadraten drei Quadrate machen, ohne ein Hölzchen zu entfernen?

3

3. Drei Quadrate

Wie kann man, nachdem man ein Hölzchen entfernt hat, aus den restlichen neun Hölzchen wiederum drei Quadrate bilden?

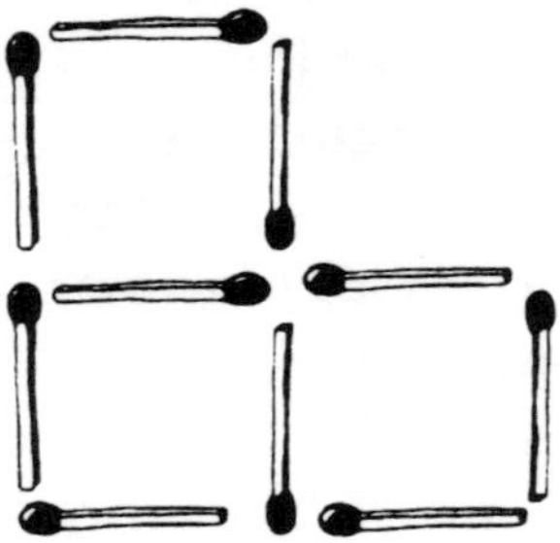

4

4. Neun

Wie kann man aus dieser Figur sechs Hölzer so entfernen, dass es neun ergibt?

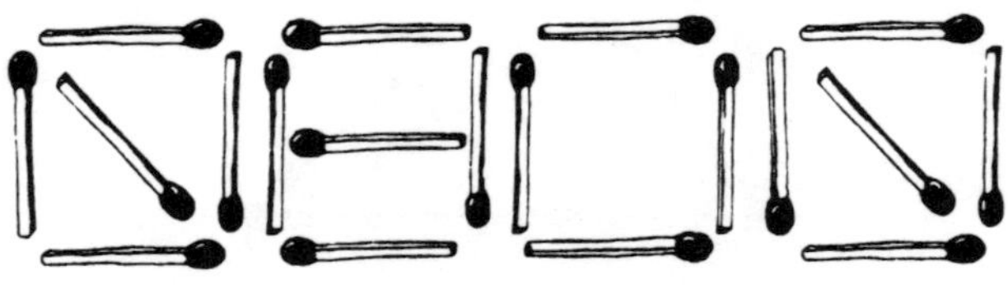

5

5. Steichholzgleichung (1)

Wie kann man durch das Umlegen eines Hölzchens erreichen, dass die Gleichung stimmt?

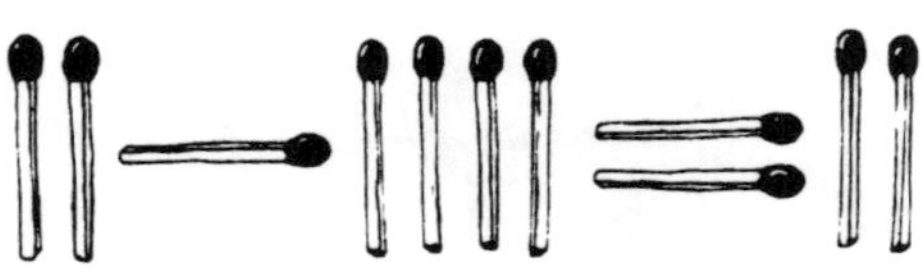

6

6. Streichholzgleichung (2)

Wie kann man durch das Umlegen eines Hölzchens erreichen, dass diese Gleichung stimmt?

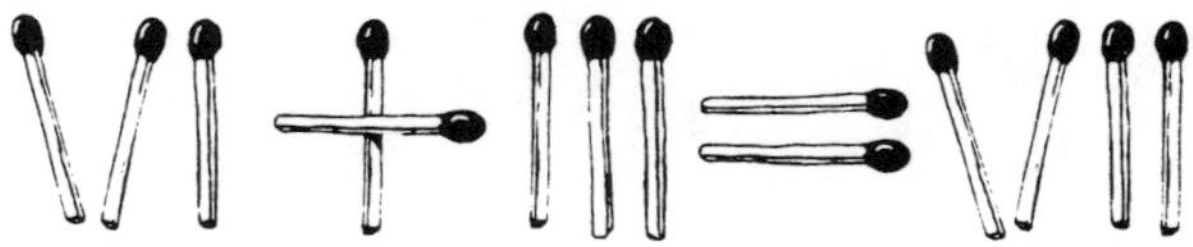

7

7. Streichholzgleichung (3)

Wie kann man die folgende Gleichung durch das Umlegen von nur einem Hölzchen richtig stellen?

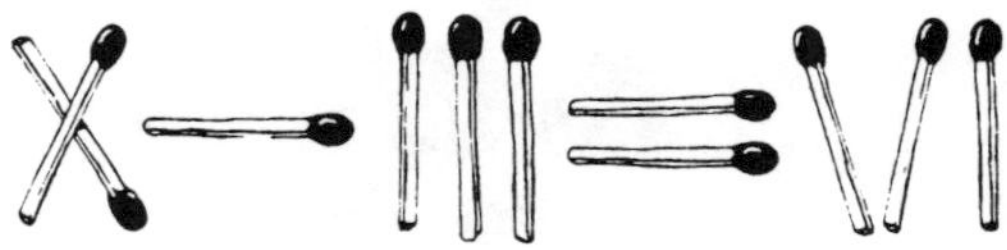

8

8. Aus vier mach zwei

Wie kann man durch das Entfernen von zwei Hölzchen aus diesen vier Quadraten zwei Quadrate machen, ohne die übrigen Hölzchen zu bewegen?

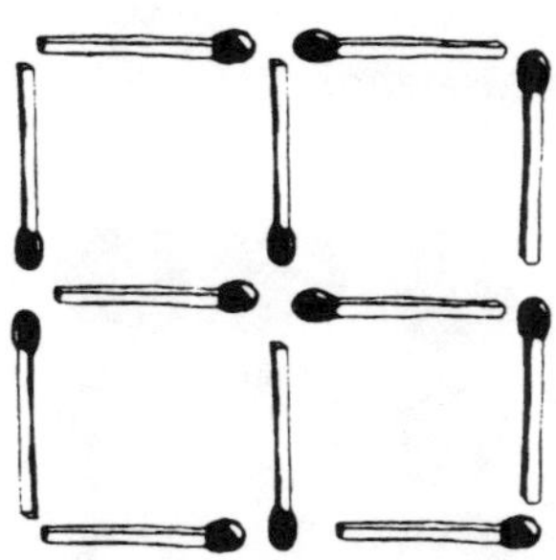

9. Tausend

Wie kann man aus diesen vier Streichhölzern 1.000 machen?

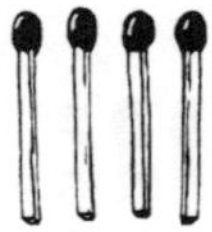

10. Pyramide

Wie kann man diese Pyramide auf den Kopf stellen, indem man nur drei Münzen bewegt?

11. Verbindung

Wie kann man diese neun Münzen durch vier gerade Linien verbinden, ohne abzusetzen?

12

12. Die dunkle Münze

Wie kann man die dunkle Münze aus der Mitte entfernen, ohne sie zu berühren?

13

13. Der Stern

Wie kann man diese Figur durch Umlegen von vier Streichhölzern in einen achtstrahligen Stern verwandeln?

14

14. Das Gitter

Wie kann man aus diesem Gitter zwei Hölzchen so herausnehmen, dass man drei Quadrate erhält?

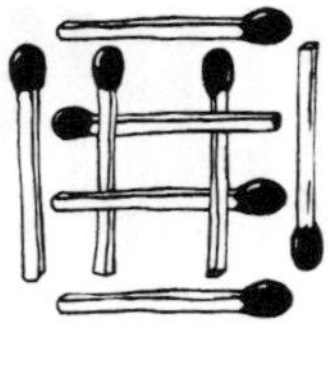

15. Das Kreuz

Wie kann man durch das Verschieben von vier Streichhölzern ein Kreuz mit gleich langen Balken erhalten?

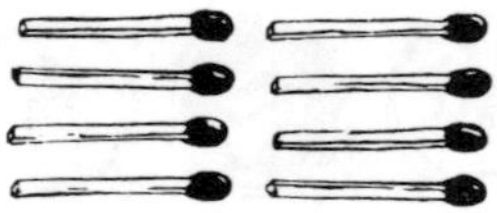

16. Fünf Quadrate

Wie werden aus diesen 16 Streichhölzern fünf gleich große Quadrate?

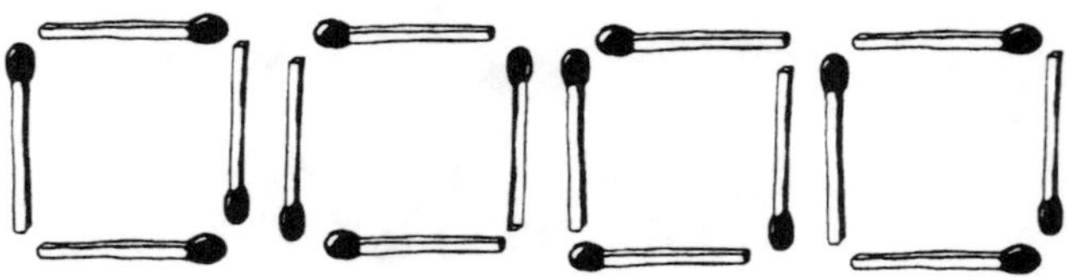

17. Aus zehn mach acht

Wie kann man aus zehn Zündhölzern acht machen?

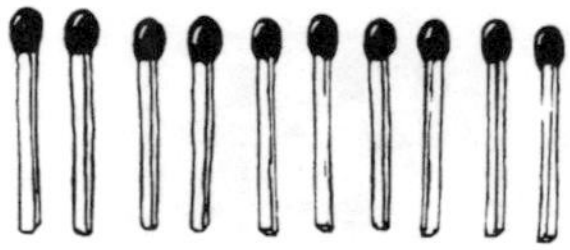

18. Das Ei

Wie legt man mit 13 Streichhölzern ein Ei?

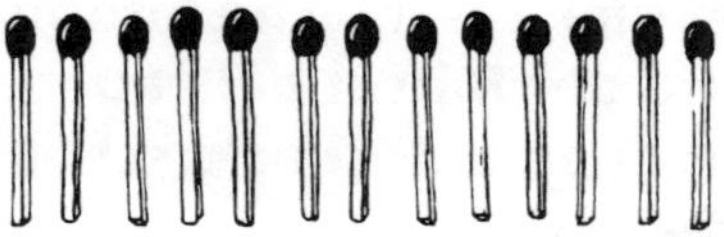

19. Vier Dreiecke

Wie kann man durch Umlegen von zwei Hölzchen aus diesen drei Dreiecken vier Dreiecke machen?

20. Die Schaufel

Wie kann man die Münze von der Schaufel entfernen, indem man nur zwei Hölzer umlegt?

Heiße Tipps zu den Gruselrätseln

Wer bei den Gruselgeschichten gar nicht weiterkommt, findet hier zusätzliche Informationen, die zur Aufklärung der Rätsel beitragen. So braucht kein Rater über den unlösbar erscheinenden Aufgaben zu verzweifeln.

1. Beichtgeheimnis

1. Der Mann, der den Mord begangen hat, wird nicht verdächtigt oder gar überführt.
2. Der Selbstmord des Priesters steht in Zusammenhang mit der Beichte des Mörders.
3. Der Selbstmord erscheint dem Priester als einziger Ausweg aus einem Konflikt, in den ihn sein Priesteramt stürzt.

2. Das Loch

1. Der Mann starb nicht an der Stelle, an der er nun gefunden wird.
2. Der Mann wurde nicht ermordet.
3. Der Tod des Mannes wurde durch das Loch in seinem Anzug verursacht.

3. Das Paket

1. Der Tod des Mannes war ein Unfall.
2. Der Mann starb in dem Moment, als er auf der Wiese eintraf.
3. Wäre das Paket geöffnet, würde der Mann noch leben.

4. Tod auf Bestellung

1. Die beiden Männer sind sich noch nie zuvor begegnet.
2. Der Mann hinter dem Tresen erschießt den Kunden absichtlich.
3. Einer der beiden Männer ist ein Verbrecher.

5. Lourdes

1. Der junge Mann wurde nicht ermordet.
2. Sein Selbstmord steht in direktem Zusammenhang mit der Einfahrt in den Tunnel.
3. Der Selbstmord des Mannes resultierte aus einem tragischen Irrtum.

6. Die Hundefreundin

1. Die Frau hätte den zweiten Schäferhund nicht gekauft, wenn das Unglück nicht geschehen wäre.
2. Der Tod der Frau war ein Unfall.
3. Hätte die Frau den anderen Hund dabei gehabt, wäre sie noch am Leben.

AUFLÖSUNGEN

1. Scherzfragen und Fangfragen

1. Der Vorrat.

2. Weil es mehr Chinesen als Japaner gibt.

3. Weil ihnen das Herz nicht in die Hose rutschen kann.

4. Das Bett.

5. Aus einem Ei.

6. Im Buchstaben „R".

7. Alle männlichen Vögel.

8. Der Funke.

9. In dem Moment, wo sich die Züge treffen, sind beide gleich weit von München entfernt.

10. Im Freien.

11. Brennnesseln.

12. Wasserball.

13. Ein Iglu.

14. Das Wasser.

15. Ein Laubbaum.

16. Das Wort „falsch".

17. Kein Einziges, weil die restlichen 14 nachrücken.

18. Hähne legen überhaupt keine Eier.

19. Seinen Fuß.

20. Die Seekrankheit.

21. Ein „L" im Stadtnamen.

22. „17". Erklärung: Ein Nachtwächter gibt Acht.
Deshalb gibt 4 + 5 + 8 zusammen 17.

23. Ja, wenn er auf der untersten Sprosse stand.

24. Nein, denn wenn die Katze im Sack ist, ist der Sack nicht mehr leer.

25. Weil sie am längsten im Bett liegen.

26. Die Sternbilder.

27. Das Katzenkind.

28. Er ist bereits mit ihr verheiratet.

29. Ja, denn eine Taube kann auf keinen Fall ein Pferd fressen.

30. Wenn er beide Beine heben würde, würde er umfallen.

31. Natürlich gibt es den 14. Juli auch in Amerika.

32. Ein Streichholz.

33. Auch zwei Stunden.

34. Das hat nur ein „a".

35. Nasse Steine.

36. Der Buchstabe „r".

37. Im Februar.

38. Ja, nämlich vorgestern, gestern, heute, morgen und übermorgen.

39. Freibier.

40. Nuss und Nussschalen.

41. Der Schlaf.

42. Es gibt keine italienisch-deutsche Grenze.

43. Nach der Geburt.

44. Fünf Eier brauchen ebenfalls acht Minuten.

45. Purer Zufall!

46. Ja, wenn beide eine Glatze haben.

47. Um ein 10-Pfennig-Stück und ein 50-Pfennig-Stück. So ist eine der beiden Münzen ja kein 50-Pfennig-Stück!

48. Es gibt keine halben Löcher!

49. Gar keine, denn die anderen Spatzen fliegen weg.

50. Ein Hund, der das Bein hebt.

51. Man mäht grundsätzlich nur Gras, kein Heu.

52. Der Urlaub.

53. Die Zunge.

54. Jeder, und zwar am zweiten Januar.

55. Die Straße.

56. Alt.

57. Das Echo.

58. Gar nicht, denn das Baumaterial würde sich ja weiterhin auf der Erde befinden.

59. Mit dem Überfluss.

60. Die Asche.

61. Mein Schatten.

62. Es weht überhaupt kein Rauch, es ist ja eine Elektrolok.

63. 8 mal 13 ist (oder sind) 104!

64. Nikolaus.

65. Vier und fünf sind neun.

66. Er wird nass.

67. Nein, denn dann lebt er ja noch.

68. Man lässt es aus einer Höhe von (zum Beispiel) 1,10 Meter fallen, dann ist es nach einem Fall von einem Meter noch ganz.

69. Wenn es gefroren ist.

70. Wenn man es gut festhält.

71. In einem Loch ist überhaupt keine Erde mehr.

72. In leere Gläser.

73. Mittagessen und Abendessen.

74. Handschellen.

75. Die Fische.

76. Die Störchin.

77. Der Löwe auf der Arche Noah.

78. Das Handtuch.

79. Die Angelsachsen.

80. Der Schornsteinfeger.

81. „Hörst du mich?"

82. Er stellt sich hinten an.

83. Am besten erschießt Großwildjäger Brüll den Löwen und fährt dann mit dem Jaguar davon!

84. „Man sieht mich, man sieht mich nicht, ..."

85. In der Tasse ist zwar Instantkaffee, aber noch kein Wasser.

86. Der Hahn.

87. Sein Gefieder.

88. Sie wirft das „A" weg und fliegt über den Fluss.

89. Der Kuckuck ruft im Normalfall immer „Kuckuck!"

90. Ein Deutscher Schäferhund frisst immer mit der Schnauze.

91. Weil ein Friseur an fünf Kundinnen mehr verdient, als an nur einer!

92. Nur eines, denn dann war er nicht mehr nüchtern.

93. Graue Haare, wie alle alten Leute.

94. Natürlich, Herr Schmidt hat ja nicht behauptet, all die Leute auf einmal nach Hause gefahren zu haben.

95. Der Buchstabe „U".

96. Der Beifall.

97. Höchstens 1,5 Kilometer, denn danach geht Herr Schmidt ja wieder aus dem Wald heraus.

98. Wenn ein Nachtwächter gestorben ist, erhält er gar keine Rente mehr.

99. Die Handschuhe.

100. Vater.

101. Ein Pfund Gold ist immer mehr wert als ein halbes Pfund Gold.

102. Die Uhr.

103. Der Blasebalg.

104. In gar keinem Fall.

105. „Man leihe sich...“

106. Es empfiehlt sich in jedem Fall, zum Umrühren einen Löffel zu verwenden!

107. Ja, denn „hinten“ schreibt man vorne mit „h.“

108. Rauch.

109. Die Fensterscheibe.

110. Frau Schmidt macht einfach Obstsalat.

111. Er hieß „Wie“. Beachten Sie, dass der zweite Satz kein Fragesatz ist!

112. Das Akkordeon, denn es hat schon ganz viele Falten.

113. Die Tochter.

114. In Hannover, denn Hannover liegt am Fluss Leine.

115. Die Sonne.

116. Adam und Eva.

117. Sie übersetzen den Satz am besten ins Deutsche.

118. Ein Ei.

119. Katzenhaare.

120. Beide werden verlegt.

121. Beide reißen aus.

122. Der Polizist führt ab, Schokolade stopft.

123. Der Chemiker sagt „H_2O“, die Hebamme sagt „Oha 2.“

124. Der Bergsteiger hat ein Seil herum, der Apotheker hat ein Heilserum.

125. Beide verbinden Leute.

126. Das Zimmermädchen kehrt aus, der Reisende kehrt ein.

127. Beide gehen von Mund zu Mund.

128. Bei einem Einbruch muss man sitzen, bei einem Beinbruch dagegen liegen.

129. Beide werden von fremden Leuten aufgezogen.

130. Es gibt keinen Unterschied, denn beide wissen, was den Leuten fehlt, wenn sie gehen.

131. Eine Katze kann einen Floh haben, aber ein Floh kann keine Katze haben.

2. Klassiker

1. Der Bleistift

2. Der Trichter

3. Die Sterne und der Mond

4. Der Buchstabe „H"

5. Der Pflug

6. Die Zähne

7. Der Regenbogen

8. Der Schalttag im Schaltjahr

9. Tag und Nacht

10. Verschieden
Erklärung: 1. andersartig
2. verstorben

11. Das Auge

12. Das Jahr mit seinen Tagen und Nächten

13. Die Chinesische Mauer

14. Der Blitz

15. Der Nagel

16. Das Loch

17. Treue, Reue

18. Das Bett

19. Der Rausch

20. Der Kaffee

21. Monument, Moment

22. Die Ohrfeige

23. Wunder

24. Der Kiel

25. Der Mund

26. Viel + leicht = vielleicht

27. Welt + All = Weltall

28. Mond + Schein = Mondschein

29. Wein + Glas = Weinglas

3. Mathematische Rätsel und Zahlenrätsel

1. Einfache Teilung

Das Ergebnis ist 90.

Erklärung: Teilen durch einhalb verdoppelt die Zahl.

2. Sportlich (1)

Franz legt jeden Tag zehn Kilometer zurück.

Rechenansatz: $x = 5 + \frac{1}{2}x$

$x - \frac{1}{2}x = 5$

$\frac{1}{2}x = 5$

$x = 10$

3. Sportlich (2)

Herr Maier hat fünf Tennisschläger, Herr Schmidt sieben.

4. Geheimnisvolle Tausend (1)

888 + 88 + 8 + 8 + 8 = 1.000

5. Auf Schnäppchenjagd

Der Kassettenrekorder kostet 80 Mark, die Kassetten fünf Mark.

6. Auf Geschäftsreise

Für den New Yorker ist die Maschine gerade auf dem Heimflug. Deshalb muss er eine gerade Anzahl von Flügen mitgemacht haben. Er ist also derjenige, der zum 28. Mal fliegt.

7. Markttag (1)

Bauer Lustig hatte ursprünglich drei Kürbisse.

Rechenansatz: x ist die Anzahl der Kürbisse.

$x - (^1/_2 x + ^1/_2) = 1$
$x - ^1/_2 x - ^1/_2 = 1$
$^1/_2 x - ^1/_2 = 1$
$^1/_2 x = 1\ ^1/_2$
$x = 3$

8. Markttag (2)

Bauer Lustig hat 30 Kohlköpfe dabei.

Rechenansatz: x ist die Anzahl der Kohlköpfe.

$^1/_2 x + 5 = ^2/_3 x$
$^1/_6 x = 5$
$x = 30$

9. Geheimnisvolle Tausend (2)

$999 + ^{99}/_{99} = 1.000$

10. Rätselhaftes Alter

In 15 Jahren, denn dann ist Susi 30 Jahre und Frau Schmidt 60 Jahre.

11. Der unerwünschte Verehrer

Anna ist 30 Jahre, ihre Katze zehn Jahre alt.

Rechenansatz: x ist das Alter der Katze.

$3x - 5 = 5(x - 5)$
$3x - 5 = 5x - 25$
$2x = 20$
$x = 10$

Annas Alter: $3x = 3 \cdot 10 = 30$

12. Die unheilvolle Dreizehn

1 und 13 ergeben multipliziert genau 13.

13. Bauer Wichtig und seine Tiere (1)

Bauer Wichtig hat 104 Hühner.

Rechenansatz: x ist die Anzahl der Hühner.

$$x + 2x = 312$$
$$3x = 312$$
$$x = 104$$

14. Rechenzauber

Ein Komma: 7,8!

15. Rätselhafte Verkleinerung

Man stellt die Zahl einfach auf den Kopf, dann erhält man 66.

16. Obstkorb

Man hat natürlich sechs Birnen.

17. So eine Schneiderei!

Frau Müller muss „nur" 99 Schnitte machen, denn die letzten beiden Meter werden mit einem Schnitt getrennt.

18. Schneckentempo

Am zehnten Tag schafft es die Schnecke, aus dem Brunnen herauszukommen.

19. Geheimnisvolle Fünf (1)

$55 + {}^{55}/_{55} = 56$

20. Uhrenvergleich

Es ist fünf Minuten nach halb drei, da inzwischen drei Stunden und fünfundzwanzig Minuten vergangen sind.

21. Das Klassentreffen

Michael ist fünf Jahre alt, Michaela zehn Jahre.

Rechenansatz: x ist das Alter von Michael.

$$x + 5 = 2x$$
$$5 = x$$

22. Knapp bei Kasse

Tom hat noch 13 Mark.

Rechenansatz:

$$3x = 50 - 11$$
$$3x = 39$$
$$x = 13$$

23. Heuhaufen

Einen großen Heuhaufen.

24. Gerechte Teilung

Tim bekommt 25,50 Mark, Tom 24,50 Mark.

25. Der sparsame Raucher

Mit seinen 16 Stummeln kann Herr Schmidt weitere 25 Minuten rauchen. Zunächst dreht er sich aus je vier Stummeln vier neue Zigaretten. Hat er diese geraucht, erhält er wiederum vier Stummel, aus denen er noch eine Zigarette drehen kann. Er kann also insgesamt fünf Zigaretten rauchen.

26. Der Schuldschein

Leider nie. Es bleibt nämlich immer die Hälfte der Restschuld zurück, auch wenn es sich dabei schließlich nur noch um Bruchteile von Pfennigen handelt. Wie Herr Wucher diese allerdings eintreiben will, ist eine andere Frage!

27. Münzwurf

Die Wahrscheinlichkeit ist immer 50%.

28. Acht und Zwölf

13.212!

29. Zahlenreihe (1)

Die nächste Zahl heißt 26.

Erklärung: 1 (+ 3 =) 4 (+ 4 =) 8 (+ 5 =) 13 (+ 6 =) 19 (+ 7 =) 26

30. Das Drittel

Die Zahl heißt $1\,^1/_2$.

31. Wie heißt die Zahl?

Die gesuchte Zahl heißt 30.

Rechenansatz: x ist die gesuchte Zahl.

$$x + {}^1/_2 x + 2x + 3x = 195$$

$$6{,}5x = 195$$

$$x = 30$$

32. Geheimnisvolle Fünf (2)

Die Zahl heißt 6,25.

Rechenansatz:

$$x - 5 = {}^1/_5 x$$

$${}^4/_5\, x = 5$$

$$x = 5 \cdot {}^5/_4$$

$$x = {}^{25}/_4$$

$$x = 6{,}25$$

33. Geldwechsel

Frau Zucker hatte zwei Zwanzigmarkscheine und 5,70 DM Kleingeld in der Kasse, aber keinen Zehnmarkschein oder sonstiges Kleingeld.

Sie konnte also Frau Heinrich 45,70 DM, nicht aber 15,70 DM herausgeben.

34. Pyramidenbau

Sechs Arbeiter brauchen drei Stunden, da man auch den Rückweg mit einberechnen muss.

35. Zahlenreihe (2)

Die nächste Zahl lautet 90.

Erklärung:

1 x 2 = 2, 3 x 4 = 12, 5 x 6 = 30, 7 x 8 = 56, 9 x 10 = 90

36. Die Hochzeitsfeier

Wenn von den 14 Anwesenden jeder mit jedem anstößt, so sind insgesamt 91 Kombinationen möglich.

Erklärung: Der erste „Anstoßer" muss mit 13 anderen anstoßen, der zweite nur noch mit zwölf, der dritte mit elf usw.

13 + 12 + 11+ 10+ 9 + ... + 1 = 91

37. Bauer Wichtig und seine Tiere (2)

Bauer Wichtig hat 30 Schweine und 15 Gänse.

Rechenansatz: x ist die Anzahl der Schweine.

4x + 2 (45 – x) = 150

4x + 90 – 2x = 150

4x – 2x = 60

2x = 60

x = 30

Anzahl der Gänse: 45 – 30 = 15

38. Der Bücherwurm

Der Bücherwurm hat sich durch sechs Zentimeter Buch gefressen.

Erklärung: Aus der normalen Aufstellung von Büchern ergibt sich, dass sich der Bücherwurm insgesamt durch einen Buchdeckel des ersten Bandes, beide Buchdeckel des zweiten Bandes, den ganzen zweiten Band und einen Buchdeckel des dritten Bandes gefressen hat, das macht zusammen sechs Zentimeter Buch.

39. Das ist doch zum Eierlegen!

Wieder nur sieben Hühner.

Erklärung: Ein Huhn legt in sieben Tagen ein Ei. Also legt es in 21 Tagen drei Eier. Um 21 Eier zu erhalten, braucht Bauer Lustig also 21 : 3 = 7 Hühner.

40. Schachmatt

Es müssen 127 Spiele ausgetragen werden.

Erklärung: In der ersten Runde müssen 64 Spiele ausgetragen werden, die 64 Gewinner kommen weiter. Dann folgen 32 Spiele, dann 16, dann 8, dann 4, dann 2 Spiele und schließlich das Finale.

$64 + 32 + 16 + 8 + 4 + 2 + 1 = 127$

41. Hasenjagd

Bello hat den Hasen nach 20 Sekunden eingeholt.

Rechenansatz: x ist die Anzahl der Sekunden.

$20x = 100 + 15x$

$5x = 100$

$x = 20$

42. Der Arbeitslohn

Tim verdiente 90 Mark, Tom 110 Mark.

Rechenansatz: $200 : (11 + 9) = 10$

$9 \cdot 10 = 90$

$11 \cdot 10 = 110$

43. Der gerissene Lehrling

Nach dreißig Tagen beläuft sich der Lohn des Lehrlings auf die stattliche Summe von 5 368 709, 12 DM.

44. Gut geschlafen?

Oma Schmidt schlief während zwei Drittel der Hälfte der Strecke, also während einem Drittel der Gesamtstrecke.

Rechenansatz: x ist der Teil der Strecke, den Oma Schmidt verschlafen hat.

$^1/_2 + x + {^1/_2}x = 1$

$^3/_2 x = {^1/_2}$

$x = {^1/_3}$

45. Das Aquarium

In Michaels Aquarium schwimmen 36 Fische.

Rechenansatz: x ist die Zahl der Fische.

$2x + {^1/_2}x + {^1/_4}x + 1 = 100$

$2\,{^3/_4}x + 1 = 100$

$1{^1/_4}x = 99$

$x = 36$

46. Zahlenreihe (3)

Die fehlende Zahl heißt 36.

Erklärung: Die Zahlenreihe besteht aus den Quadratzahlen der Zahlen 1 bis 6.

47. Die Eichenallee

Die Straße ist 435 Meter lang.

Erklärung: Auf einer Seite der Straße müssen 87, auf der anderen 88 Eichen gepflanzt werden. 88 Bäume schließen aber nur 87 Zwischenräume ein, das heißt die Straße ist 87 x 5 Meter = 435 Meter lang.

48. Ein Königreich für ein Pferd

Karl Klepper gibt den drei Söhnen leihweise eines seiner eigenen Pferde, sodass sich die Zahl der Pferde auf 18 erhöht. Dann bekommt der älteste Sohn neun Pferde, der Mittlere sechs Pferde und der Jüngste zwei Pferde. Am Ende nimmt Karl Klepper sein eigenes Pferd wieder mit und das Problem ist gelöst.

49. Komplizierte Altersangabe (1)

Frau Schmidt ist $30\,^1/_2$ Jahre alt, Markus ein halbes Jahr.

Rechenansatz: x ist das Alter von Markus.

$$x + (x + 30) = 31$$
$$x + x + 30 = 31$$
$$2x + 30 = 31$$
$$2x = 1$$
$$x = {}^1/_2$$

50. Geburtstagskind

Susi ist 15 Jahre alt.

Rechenansatz: x ist der Altersunterschied der Schwestern.

$$10 + x = 20 - x$$
$$2x = 10$$
$$x = 5$$

51. Falschgeld

Frau Krämer hat nur 100 Mark verloren, nämlich diejenigen, die sie dem Postbeamten zurückgeben musste.

52. Zahlenreihe (4)

Die nächste Zahl heißt 342.

Erklärung: Die Ausgangszahl wird mit vier multipliziert, dann wird zwei subtrahiert. Das Ergebnis wird wiederum mit vier multipliziert, zwei wird subtrahiert und so weiter.

53. Komplizierte Altersangabe (2)

Diese Aufgabe ist nicht allein durch einen Rechenansatz zu lösen, sondern durch logisches Denken und Rechnen. Da Professor Siebengescheit bereits habilitiert ist, ist anzunehmen, dass er nicht unter dreißig ist.

Betrachtet man nun die Quadratzahlen der infrage kommenden Altersangaben, so erhält man Folgendes:

402 = 1600, 412 = 1681, 422 = 1764, 432 = 1849, 442 = 1936, 452 = 2025

Da unsere Geschichte 1980 spielt, muss Professor Siebengescheit 1936 geboren sein, also 44 Jahre alt sein.

54. Die Gewinnzahl

Die gesuchte Zahl lautet 170.

55. Der Champion

Keinesfalls darf die Lösung 20 lauten, denn zwischen dem ersten und dem 13. Fähnchen sind ja nur zwölf Zwischenräume. Für einen Zwischenraum benötigt Stefan Schnell also $^{13}/_{12}$ Sekunden. So braucht er für die insgesamt 19 Zwischenräume 19 x $^{13}/_{12} = 20\ ^{7}/_{12}$ Sekunden.

56. Gegenverkehr

Sie begegnen zwölf S-Bahnen.

Erklärung: Wenn sie abfahren, sind nämlich bereits sechs S-Bahnen unterwegs, denen sie im Laufe der Fahrt natürlich begegnen. Während sie unterwegs sind, fahren weitere sechs S-Bahnen aus der Stadtmitte ab, denen sie ebenfalls begegnen.

57. Bauer Wichtig und seine Tiere (3)

Bauer Wichtig hat 301 Schafe.

Erklärung: Man muss nach einer Zahl suchen, die sich zwar durch sieben teilen lässt, nicht aber durch zwei, drei, vier, fünf oder sechs.

58. Die Leseratte

Das Buch hat genau 500 Seiten.
Rechenansatz: Das Buch hat mehr als hundert Seiten, deshalb muss die vorgesetzte Zahl sieben die Tausender bezeichnen.

$$\frac{7000 + x}{15} = x$$

$$7000 + x = 15x$$

$$7000 = 14x$$

$$x = 500$$

59. Beschäftigungstherapie

Das Ergebnis lautet 5.050.
Erklärung: Albert hat herausgefunden, dass immer zwei Zahlen zusammen 100 ergeben: 1 + 99, 2 + 98, 3 + 97, ..., 49 + 51.
Er muss also nur rechnen: 49 · 100 = 4.900. Dazu addiert er die beiden noch nicht verwendeten Zahlen 50 und 100.
4.900 + 100 + 50 = 5.050

60. SOS

An Bord des Schiffes sind elf Jungen, 22 Mädchen und 66 Erwachsene.
Rechenansatz: x ist die Anzahl der Jungen.

$$x + 2x + 2(x + 2x) = 99$$

$$x + 2x + 2x + 4x = 99$$

$$9x = 99$$

$$x = 11$$

61. Das Lösegeld

Der Bote sagt „Um Antonio freizukaufen, müssen Sie 20.000 Goldstücke in vier Tagessätzen bezahlen. Am ersten Tag sind 1.000 Goldstücke fällig, am zweiten Tag 4.000, am dritten Tag 6.000 und am vierten Tag 9.000 Goldstücke."

Rechenansatz: x ist der Betrag des ersten Tages.

$x + (3x + 1.000) + 1,5\ (3x + 1.000) + 1,5 \cdot 1,5\ (3x + 1.000) = 20.000$

$x + 3x + 1.000 + 4,5x + 1.500 + 6,75x + 2.250 = 20.000$

$15,25x + 4.750 = 20.000$

$15,25x = 15.250$

$x = 1.000$

62. Die umgeknickte Fahnenstange

Die Fahnenstange wurde in einer Höhe von vier Metern abgeknickt.

Rechenansatz: Zur Lösung dieser Aufgabe benötigt man den Lehrsatz des Pythagoras. Die Fahnenstange bildet nämlich zusammen mit dem Boden ein rechtwinkliges Dreieck, mit dem abgeknickten Stück als Hypotenuse. Daraus ergibt sich folgende Gleichung: x ist die Länge der Fahnenstange bis zum Knick.

$$x^2 + 32 = (9 - x)^2$$

$$x^2 + 9 = 81 - 18x + x^2$$

$$18x = 72$$

$$x = 4$$

63. Steinreich

Juwelier Stein muss dreimal wiegen, um die falsche Perle herauszufinden.

Erklärung: Stein teilt die 27 Perlen in drei Gruppen zu je neun Perlen. Zwei davon wiegt er. Ist eine der Perlengruppen schwerer als die andere, so ist die falsche Perle in dieser Gruppe. Sind jedoch beide gleich schwer, muss die falsche Perle in der dritten Gruppe sein. Die schwerere Perlengruppe teilt Stein wiederum in drei Gruppen zu je drei Perlen. Das Wiegen dieser Gruppen liefert ihm die richtige Dreiergruppe.

Beim dritten Wiegen kann er schließlich herausfinden, welche Perle falsch ist.

64. Das Problem mit der Uhrzeit

Es ist 11 Uhr 25.

Rechenansatz: Zwischen 12 Uhr und 9 Uhr liegen 3 Stunden, das heißt 180 Minuten.
x ist die Anzahl der Minuten vor 12 Uhr.
$3x + 40 + x = 180$
$4x = 140$
$x = 35$

65. Die Armbanduhr

Nach zwölf Tagen geht die Armbanduhr genau eine Stunde vor. Also braucht sie 12 x 12 = 144 Tage, um zwölf Stunden vorzugehen. Dann zeigt sie einen Tag lang wieder die richtige Uhrzeit an.

4. Knobeleien und Logikrätsel

1. Die Karawane

Der Proviantsack wird im Laufe des Marsches immer leichter, da ja täglich etwas gegessen wird.

2. Wörter mit System

Bikini.
Erklärung: In allen Wörtern kommt nur ein Vokal vor, dieser dafür gleich mehrmals.

3. Zahlenreihe (1)
Die Zahlen sind alphabetisch nach ihren Anfangsbuchstaben geordnet worden.

4. Kindersegen (1)
Herr Schmidt hat fünf Kinder, vier Töchter und einen Sohn.

5. Kinderreich
Das Ehepaar Heinrich hat drei Söhne und vier Töchter.

6. Kinovorstellung
Es sind nur drei Personen. Die Tochter des Anwalts ist die Ehefrau des Arztes.

7. Hochzeit (1)
Die beiden Hochzeitsgäste sind Vater und Mutter der besagten Tochter.

8. Hochzeit (2)
Frau Maiers Schwester ist die Mutter der Nichte.

9. Der Großvater
Der „junge" Großvater ist Toms Großvater mütterlicherseits.

10. Das Porträt
Der Mann auf dem Bild ist der Sohn von Herrn Schmidt.

11. Die Mücke
Frau Schmidt und ihr Sohn stehen vor einem Spiegel.

12. Siegesfeier

Markus begann ebenfalls, seine Hose auszuziehen. Auf diese Weise zog Peter die Hose tatsächlich nicht alleine aus.

13. Wirf den Ball!

Peter wirft den Ball einfach senkrecht nach oben.

14. Kaninchenjagd

Wenn Alfred drei, Bert zwei und Cäsar ein Kaninchen schießt, bringt keiner von ihnen mehr Kaninchen nach Hause als die anderen beiden zusammen.

15. Papier

Ja, denn die Zwillinge brauchen das Blatt Papier nur so unter einer Tür hindurchzuschieben, dass die eine Hälfte des Papiers im Zimmer, die andere Hälfte aber außerhalb des Zimmers ist. Dann stellt sich jeder auf eine Hälfte des Papiers. So berühren sich Tim und Tom nicht, da die Türe zwischen ihnen ist.

16. Es war einmal ein Jägersmann ...

Der Jäger wohnt am geografischen Nordpol.

17. Die Schornsteinfeger

Der Lehrling wird sich waschen, denn er sieht, dass Herr Rußig schwarz ist, und meint, er sei ebenfalls schwarz geworden.

18. Ein haariges Problem

Geht man einmal davon aus, dass sich ein Friseur die Haare nicht selbst schneiden kann, so müssen sich die beiden Friseure in den Laden des jeweils anderen begeben. Herr Schmidt sollte also zu dem unordentlichen Friseur gehen, da dieser für den gepflegten Haarschnitt des ordentlichen Friseurs verantwortlich ist.

19. Mit großen Schritten

Im Buchstabenalphabet sind es von A wie Anton zu D wie Dora drei Schritte.

20. Kuchenteilung

Einer der beiden teilt das Stück Kuchen, der andere darf sich dann ein Stück auswählen.

21. Geheimnisvolle Buchstaben (1)

Die nächsten beiden Buchstaben heißen A und N. Es handelt sich um die Anfangsbuchstaben der Ziffern Eins, Zwei, Drei, Vier...

22. Rätselhafte Einladung

Der Text bedeutet: „Komm zwischen 3 und 4."

23. Verteilung der Äpfel

Eine Person bekommt einen Apfel im Korb.

24. Geheimnisvolle Insel Illusia (1)

Der Tourist muss sich nicht den Kopf zerbrechen, um herauszufinden, ob der Einheimische lügt oder nicht. Er braucht ihm nur eine völlig unsinnige Frage zu stellen, wie zum Beispiel „Bist du ein Esel?"

25. Tierliebe

Sabine hat den Wellensittich, Susanne das Kaninchen und Stefanie den Hamster.

26. Angst vor der Dunkelheit

Susi geht zu Bett, solange es noch hell ist.

27. Alter Kaffee

Herr Schmidt hatte schon Zucker in seinen Cappuccino getan, als er die Fliege bemerkte.

28. Sturz von der Leiter

Herr König stand erst auf der untersten Sprosse der Leiter, als er abrutschte und hinunterfiel.

29. Das Duell

Wenn zwei Menschen in entgegengesetzte Richtungen blicken, sehen sie sich an!

30. Die Leseratte

Bei Büchern sind ungerade und gerade Seitenzahlen immer Vorder- und Rückseite. Frau Schmidts Freundin konnte also kein Lesezeichen zwischen die Seiten 167 und 168 legen.

31. Einzäunung

Auf jeder Seite sind sechs Pfähle, denn die Eckpfosten werden jeweils bei zwei Seiten mitgezählt.

32. Flugstunde

Ganz einfach, 115 Minuten sind eine Stunde und 55 Minuten!

33. Schäfchen zählen

Die Schafe gingen im Kreis.

34. Sockensuche

Herr Schmidt muss höchstens dreimal in die Schublade greifen, um ein gleichfarbiges Paar Socken zu erwischen.
Erklärung: Beim ersten Mal kann Herr Schmidt entweder einen schwarzen oder einen weißen Socken erwischen, ebenso beim

zweiten Mal. Nun hat er entweder schon ein komplettes Paar oder zwei verschiedenfarbige Socken. In diesem Fall kann er dann beim dritten Griff in die Schublade das Paar vervollständigen.

35. Ein juristisches Problem
Bei den beiden Männern handelt es sich um siamesische Zwillinge.

36. Verlaufen
Herr Müller braucht nur nach der Länge des Straßenschildes zu gehen. Das Schild der Parkstraße muss bedeutend kürzer sein als das der Friedrich-von-Schiller-Straße.

37. Irrwege
Die Besucher müssen zunächst links, dann zweimal rechts abbiegen.

38. Die mysteriöse Krankheit
Herr Heinrich litt an der Seekrankheit.

39. Expedition in den Dschungel
Die Gruppe bestand aus genau einem Mann, einer Frau und einem Kind.

40. Berufsverkehr
Herr Walter steigt am besten an der ersten Haltestelle aus. Auf diese Art und Weise spart er sich die Zeit, die die Straßenbahn benötigt, um von der ersten zur zweiten Haltestelle zu gelangen.

41. Mädchen
Die naheliegende Antwort wäre hier 50 %, stimmt aber in diesem Falle leider nicht. Die möglichen Konstellationen von Geschwisterpaaren sind Mädchen – Mädchen, Mädchen – Junge und Junge –

Junge. Die Wahrscheinlichkeit, dass Frau Maier zwei Töchter hat, beträgt also $^1/_3$.

42. Immer Ärger mit der Uhrzeit!

Wenn die nachgehende Uhr nicht täglich richtig gestellt wird, zeigt sie innerhalb von zwei Jahren genau einmal die richtige Zeit an, nämlich am ersten Tag. Die stehengebliebene Uhr zeigt dagegen zweimal pro Tag die richtige Zeit an. Trotzdem kann Herr Frosch mit der nachgehenden Uhr wohl mehr anfangen, da er zumindest ablesen kann, wie viel Zeit vergeht.

43. Zahlenreihe (2)

Die nächste Zahl heißt 25. Alle Zahlen der Zahlenreihe enthalten ein „i".

44. Farbenfroh

Herr Braun kann nicht den schwarzen Hut tragen, da er dem Mann im schwarzen Hut antwortet. Also muss Herr Braun den grauen Hut tragen. Der Mann im schwarzen Hut muss also Herr Grau sein. Das bedeutet, dass Herr Schwarz den braunen Hut trägt.

45. Kurzschluss

Peter wartet einige Minuten. Der Zeiger, der in dieser Zeitspanne vorrückt, ist der Minutenzeiger.

46. Reise im Nachtzug

Herr Schneider weiß, dass der Münchener Hauptbahnhof ein Kopfbahnhof ist. Als er nun aufwacht, bemerkt er, dass der Zug die Fahrtrichtung gewechselt hat. Er muss also schon in München gewesen sein.

47. Wie spät ist es?

Eineinhalb Stunden, und zwar von 12.15 Uhr bis 1.45 Uhr. Der nächste Schlag muss dann zwei Uhr bedeuten.

48. Der Einstellungstest

Ganz einfach, denn wer sieben Bäume richtig zusammengesetzt hat, hat automatisch auch den achten Baum richtig.

49. Geheimnisvolle Buchstaben (2)

Die nächsten beiden Buchstaben heißen L und M. Es handelt sich um Buchstaben ohne Rundungen.

50. Robinsonade

Der Schiffbrüchige entzündet einen Ast an den Flammen des Inselbrandes und steckt einen schmalen Streifen Gras an der anderen Inselseite in Brand. Dann rettet er sich auf den abgebrannten und hoffentlich auch abgekühlten – Streifen Land.

51. Der umgefallene Wegweiser

Herr Hinze muss nur den Arm des Wegweisers, auf dem „Weiler" steht, in die Richtung drehen, aus der er gerade gekommen ist. So kann er herausfinden, welche Straße nach Moosberg führt.

52. Geheimnisvolle Insel Illusia (2)

Bert ist ein Lülü, Claus ein Wawa. Was Alfred ist, kann man nicht herausfinden.

Erklärung: Sowohl für einen Lülü als auch für einen Wawa ist es unmöglich zu sagen „Ich bin ein Lülü." Deshalb lügt Bert, wenn er sagt, Alfred habe sich selbst als Lülü bezeichnet. Da Claus behauptet, Bert habe gelogen und dies auch tatsächlich der Fall ist, muss Claus ein Wawa sein.

53. Die vertauschte Lieferung

Gemüsehändler Kohl muss nur in eine Kiste hineingreifen, und zwar in die mit der Aufschrift „Grün und Rot." Da er weiß, dass alle Kisten falsch beschriftet sind, enthält diese Kiste also die Sorte Paprika, die er herausnimmt. So kann er diese Kiste schon einmal richtig beschriften. Dann muss er nur noch die Etiketten auf den anderen beiden Kisten vertauschen.

54. Unzulängliche Verteidigung

Der Verteidiger hat verneint, dass Knack einen Komplizen gehabt hat. Das bedeutet, dass Knack die Tat alleine begangen hat, also schuldig ist.

55. Zahlenreihe (3)

Die Zahl sechs gehört nicht dazu, denn alle anderen Zahlwörter bestehen aus vier Buchstaben.

56. Die Katze lässt das Mausen nicht

Nur die Aussage b) „Wasserscheue Katzen fangen gerne Mäuse" ist richtig.

57. Kinderspiele

Markus war der Übeltäter.

Erklärung: Verdächtigt man zuerst Willi, müssten die Aussagen (3) und (4) wahr sein. Ist Franz der Schuldige, stimmen die Aussagen (1), (3) und (4). Falls Tom der Täter wäre, so müssten wiederum die Aussagen (2) und (3) richtig sein. Daher muss Markus die Fensterscheibe eingeschossen haben.

58. Geheimnisvolle Insel Illusia (3)

Anton ist ein Wawa, Bruno ein Lülü.

Erklärung: Falls Anton lügen würde, so wäre seine Aussage „Wenigstens einer von uns ist ein Lülü" falsch, das heißt, beide müssten Wawas sein. Anton müsste also sowohl lügen als auch die Wahrheit sagen. Seine Aussage muss also wahr sein und Bruno wird dadurch als Lügner entlarvt.

59. Wer zuletzt kommt, ...

Der Dienstbote flüsterte: „Tauscht die Kamele." So mussten sich die beiden Verurteilten anstrengen zu gewinnen, um ihr eigenes Kamel als Letztes ins Ziel gehen zu lassen.

60. Schnelles Altern

Herr Schmidt ist am 31. Dezember geboren und macht seine Aussage am 1. Januar. Also war er am 30. Dezember noch vierzig Jahre, wurde am 31. Dezember 41, wird dieses Jahr 42 und nächstes Jahr 43 Jahre alt.

61. Der Namenszug

In Großbuchstaben geschrieben besteht der Name MIA TOMATI aus lauter symmetrischen Buchstaben. Schreibt Maler Pinsel den Namen nun von oben nach unten an das Schaufenster, so kann man ihn wirklich von beiden Seiten lesen.

62. Ladehemmung

Kapitän Seebärs Blick fiel auf eine Kühlhalle. Von dort besorgte er sich einige große Eisblöcke und füllte die Luke damit aus. Dann stellte er die Kiste darauf und wartete, bis das Eis zu schmelzen begann. Dadurch sank die Kiste in den Laderaum hinab. Beim Ausladen allerdings wird Kapitän Seebär nichts anderes übrig bleiben, als die Kiste auszupacken!

63. Ein Brückenproblem

Der Kapitän bittet die Zuschauer, in sein Segelboot zu steigen. Dadurch erhält das Boot größeren Tiefgang und kann so unter der Brücke durchfahren.

64. Grausames Urteil

Die Hexe sagte: „Ich werde gevierteilt."

65. Die Wettervorhersage

In Madrid scheint – wie in den anderen zweisilbigen Städten – die Sonne.

66. Buchstabenreihe

Die nächsten Elemente heißen e5v und f6u. Erklärung:
1. Bestandteil: Buchstaben in alphabetischer Reihenfolge
2. Bestandteil: Ziffern in aufsteigender Reihenfolge
3. Bestandteil: Buchstaben rückwärts nach dem Alphabet.

67. Kindersegen (2)

Barbara – Dorothea – Anna – Elisabeth – Claudia.
Barbara ist also die älteste, Claudia die jüngste Tochter.

68. Auf Freiersfüßen

Die Münze ist in Kästchen 2.
Erklärung: Kästchen 1 und Kästchen 3 behaupten das Gegenteil, also muss eine der beiden Aussagen wahr sein. Da aber nur eine Aufschrift wahr ist, muss die auf Kästchen 2 falsch sein.
Die Münze befindet sich also in Kästchen 2.

69. Missionare und Kannibalen

1. Hinfahrt: Zwei Kannibalen, Rückfahrt: Ein Kannibale

2. Hinfahrt: Zwei Kannibalen, Rückfahrt: Ein Kannibale
3. Hinfahrt: Zwei Missionare, Rückfahrt: Ein Kannibale und ein Missionar
4. Hinfahrt: Zwei Missionare, Rückfahrt: Ein Kannibale
5. Hinfahrt: Zwei Kannibalen, Rückfahrt: Ein Kannibale
6. Hinfahrt: Zwei Kannibalen

70. Wörter mit System

Das Wort „Eier" passt, da alle Worte mit dem Wort „-uhr" verbunden werden können (Wanduhr, Sanduhr, Armbanduhr, Standuhr, Eieruhr).

71. Rätselhafter Einkauf

Der Kunde hat die Hausnummer „311" gekauft.

72. Diamantenfieber

Antonio legt zum Beispiel in den ersten Becher fünf Diamanten, in den zweiten drei und in den dritten zwei Diamanten. Dann steckt er den zweiten in den dritten Becher. Somit befinden sich im ersten Becher nach wie vor fünf Diamanten, im zweiten drei und im dritten Becher fünf (2+3) Diamanten.

73. Geheimnisvolle Insel Illusia (4)

Es ist Donnerstag.
Erklärung: Bruno kann nur montags und donnerstags behaupten, am Vortag gelogen zu haben. Anton dagegen nur am Donnerstag und Sonntag. Es muss also Donnerstag sein.

74. Reiner Wein

Willi Winzer muss insgesamt siebenmal umfüllen.
1. Er füllt den 5-Liter-Krug aus dem 8-Liter-Krug.

2. Er füllt den 3-Liter-Krug aus dem 5-Liter-Krug.
3. Er füllt den Inhalt des 3-Liter-Kruges wiederum in den 8-Liter-Krug.
4. Er füllt die restlichen 2 Liter aus dem 5-Liter-Krug in den 3-Liter-Krug.
5. Er füllt den 5-Liter-Krug wiederum aus dem 8-Liter-Krug.
6. Er füllt den 3-Liter-Krug wiederum aus dem 5-Liter-Krug.
7. Schließlich schüttet er den Inhalt des 3-Liter-Krugs wieder in den 8-Liter-Krug. Wenn Willi Winzer dabei nichts verschüttet hat, befinden sich nun je vier Liter Wein im 8-Liter-Krug und im 5-Liter-Krug.

75. Geheimnisvolle Buchstaben (3)

Der fehlende Buchstabe heißt M. Aufgelistet sind die Anfangsbuchstaben der Zeiteinheiten Sekunde, Minute, Stunde, Tag, Monat, Jahr.

76. Farbe bekennen

Antonio trägt einen schwarzen Turban.
Auf diese Antwort kommt er nach folgender Überlegung: „Der erste Bewerber kann keine zwei weißen Turbane sehen, denn sonst hätte er ja gewusst, dass er einen roten trägt, da es nur zwei weiße Turbane gibt. Der zweite Bewerber sah den schwarzen Turban des ersten Bewerbers und meinen eigenen. Da er sich nicht entscheiden kann, kann mein Turban sowohl schwarz als auch weiß sein. Da aber der erste Bewerber keine zwei weißen Turbane sieht, und der des zweiten Bewerbers weiß ist, muss mein Turban schwarz sein."

77. Der Wettlauf

Anton – Dieter – Claus – Bernhard.
Claus kann nicht Recht gehabt haben, denn sonst hätte er der Sieger sein müssen, und nicht Dieter. Also ist seine Aussage falsch, das

heißt, weder Claus noch Dieter haben gewonnen. Deshalb ist auch Dieters Aussage falsch, das heißt, Dieter ist weder Erster noch Dritter. Deshalb muss auch Bernhards Aussage falsch sein, denn wenn Dieter drei Plätze hinter Claus liegen würde, müsste Claus erster sein. Das ist er aber nicht. Dieter kann also nur zweiter sein. Antons Aussage ist schließlich richtig, er hat das Rennen gewonnen. Aus ihr folgt, dass Bernhard Vierter ist. Claus muss also Dritter sein.

5. Worträtsel und Wortspiele

1. Kegelclub

2. Sommersprosse

3. Eine falsche Be – hauptung

4. Geisterbahn

5. Kontaktlinsen

6. Zwei fel = Zweifel

7. Ende

8. Haus – Maus

9. Wanne – Wonne

10. Kalb – halb

11. Raum – Baum

12. Bengel – Engel

13. Sonne – Tonne

14. Brüssel – Rüssel

15. Hase – Hose

16. Hahn – Zahn

17. Zahl – Wahl

18. Bremse

19. Steuer

20. Wind – Rind

21. Rasen – Rosen

22. Damm – Kamm

23. Nebel – Leben

24. Ball –Fall

25. Flamme – Lamm

26. Auto + Gramm = Autogramm

27. Ar + Mut = Armut

28. Tram + Polin = Trampolin

29. Mann + Heim = Mannheim

30. Klein – n + Dung = Kleidung

31. Heu + Schrecken = Heuschrecken

32. Fuß + Ball = Fußball

33. Neu + See + Land = Neuseeland

34. Spitz + Bube = Spitzbube

35. Vers + Tand = Verstand

36. Metro + Pole = Metropole

37. Steg + Reif = Stegreif

6. Gruselrätsel

1. Beichtgeheimnis

Der Mord wird dem Priester selbst zur Last gelegt. Der Priester zieht also den Freitod einer Haftstrafe oder einem Bruch des Beichtgeheimnisses vor.

2. Das Loch

Der Mann war Astronaut. Durch das Loch ist alle Luft aus seinem Raumanzug entwichen.

3. Das Paket

Der Mann ist ein Fallschirmspringer, dessen Fallschirm sich nicht geöffnet hat.

4. Tod auf Bestellung

Der Mann hinter dem Tresen hat gerade die Kneipe überfallen und den echten Wirt erschossen. Für ihn ist der Kunde nur ein lästiger Zeuge, deshalb erschießt er ihn.

5. Lourdes

Der junge Mann war blind, hatte aber durch eine Wunderheilung in Lourdes sein Augenlicht zurückbekommen. Als der Zug nun in den Tunnel einfährt, glaubt er, dass er erneut erblindet sei. Aus lauter Verzweiflung erschießt er sich.

6. Die Hundefreundin

Die Frau ist plötzlich erblindet, der zweite Schäferhund ist ein Blindenhund. Eines Tages verwechselt die Frau die Hunde und nimmt den undressierten Hund mit. Dabei wird sie von einem Auto überfahren.

7. Naturwissenschaftliche Rätsel

1. Die Schubkarre

Es ist leichter, eine Schubkarre zu ziehen, denn die Rollreibung wird dabei geringer. Beim Schieben dagegen wird das Rad der Schubkarre gegen den Boden gepresst und verursacht zusätzliche Reibung.

2. Weinprobe

Sie kippen das Fass so weit, bis der Inhalt zum Rand reicht. Wenn man dann ein Stück vom Boden sieht, ist es weniger als halb voll, wenn nicht, ist es mehr als halb voll.

3. Teekessel

Der Teekessel mit weniger Wasser stößt mehr Dampf aus.

4. Luftballons

Durch die Reibung am Pullover wird der Luftballon elektrisch aufgeladen. Elektrisch geladene Körper ziehen ungeladene Körper an und deshalb bleiben die Ballons an der Decke kleben, bis sich die Ladungen nach und nach ausgleichen.

5. Nord und Süd

Genau im Zentrum der Erde.

6. Sonnenuntergang

Wenn man sich in einem Flugzeug befindet, das nach Westen fliegt und dabei die Sonne hinter sich lässt. Allerdings muss das Flugzeug schneller fliegen, als sich die Erdoberfläche darunter wegdreht.

7. Laderaum

Nein, denn das Gesamtgewicht des Lastwagens ändert sich nicht.

8. Luftverschmutzung

Der Chemiker braucht nur das Reagenzglas mit Wasser zu füllen. In der Stadtmitte schüttet er das Wasser dann aus und verschließt das Reagenzglas mit einem Stöpsel. Nun hat er Luft aus der Stadtmitte.

9. Erdanziehung

Die Erdanziehungskraft ist niedriger, da sich ein Teil der Erdmasse oberhalb des Gegenstandes befindet und ihn nach oben zieht. So wird ein Teil der Anziehungskraft der Masse unterhalb des Gegenstandes wieder aufgehoben.

10. Wasserwaage

Auch in diesem Fall zeigt die Waage eine Gewichtszunahme an, und zwar in Höhe der von der Münze verdrängten Menge Wassers.

11. Die Postkarte

Bei zunehmender Geschwindigkeit wird der Druck eines Gases immer geringer. So lässt der durch das Pusten erzeugte Luftstrom einen Unterdruck entstehen und der normale Luftdruck von oben presst die Postkarte gegen die Unterlage.

12. Heiß oder kalt?

Der Eindruck von Wärme und Kälte entsteht auch durch das Empfinden der Hand, mit der der Gegenstand berührt wird, nicht nur aus dem berührten Gegenstand selbst. Da die Wärmeleitfähigkeit von Metall weit höher ist als die von Holz oder Plastik, entzieht kaltes Metall der Hand auch mehr Wärme, heißes Metall führt ihr dagegen mehr Wärme zu.

13. Hitze

Bei großer Hitze schwitzt der Mensch, der sich bildende Schweiß kühlt die Haut ab. Im Wasser kann sich jedoch kein Schweiß bilden und der Mensch erleidet Verbrühungen.

14. Kalter Kaffee

Je größer der Temperaturunterschied zwischen einer Substanz und ihrer Umgebung ist, desto schneller erfolgt der Temperaturausgleich. Demnach verliert eine Tasse Kaffee, zu der man die Milch erst später hinzuschüttet, die Hitze schneller und erreicht somit auch eher Trinktemperatur.

15. Wettervorhersage

Da in dem Wetterbericht nicht angegeben wird, ob die Temperatur auf Celsius oder auf Fahrenheit bezogen ist, muss sie auf beiden Skalen gleich sein. Dies ist nur bei -40 Grad der Fall. Der einzige Ort, an dem am 3. Juli solche Temperaturen herrschen, ist wohl die Arktis.

16. Hitzestau

Es ist keine Einbildung. Da Fensterglas lichtdurchlässig ist, trifft die Sonnenbestrahlung auf die Gegenstände im Zimmer und erwärmt diese. Darauf senden diese Wärmestrahlung aus, für die Glas jedoch fast völlig undurchlässig ist, weshalb die Wärme im Zimmer bleiben muss.

17. Umweltverschmutzung

Der Wasserspiegel sinkt. Solange die Fässer im Schiff liegen, drücken sie das Schiff tiefer ins Wasser und sorgen somit für mehr Wasserverdrängung, als wenn sie auf dem Grund des Sees liegen.

18. Seemannsgarn

In diesem Fall hat Seebär tatsächlich nicht geflunkert. Meerwasser ist nämlich eine ungesättigte Lösung aus verschiedenen Salzen im Wasser. Beim Abkühlen von Meerwasser, aus dem die Eisschollen ja bestehen, sondert sich das Lösungsmittel, also das Wasser, in reiner Form ab. Es entsteht salzfreies Eis, das man nach dem Abtauen getrost trinken kann.

19. Pfeffer und Salz

Herr Schmidt schüttet eine Prise des Salz-und-Pfeffer-Gemischs auf den Tisch und reibt den Plastiklöffel an einem Stück Stoff. Dann hält er den Löffel ganz dicht über das Gewürzgemisch. Der Pfeffer schwebt hoch und klebt am Löffel, das Salz dagegen bleibt auf dem Tisch liegen. Der Grund für diese Reaktion ist, dass Pfeffer leichter als Salz ist und so zuerst durch die Elektrizität des Löffels angezogen wird.

20. Eiswürfel

Professor Siebengescheit legt das Haar auf den Eiswürfel und streut dann eine Prise Salz darüber. Da Salz den Gefrierpunkt von Wasser erhöht, taut die Prise Salz die Oberfläche des Eiswürfels leicht auf. Diese Wirkung hält jedoch nicht lange an, die Salzlake friert wieder fest und mit ihr auch das Haar. Nun kann Professor Siebengescheit den Eiswürfel an dem Haar hochheben.

21. Die Münze

Professor Siebengescheit steckt ein brennendes Stück Papier in ein Glas und stülpt das Glas dann neben die Münze auf den Teller. Daraufhin steigt das Wasser ins Glas und der Professor kann die Münze wieder an sich nehmen. Bei der Verbrennung entsteht nämlich Kohlendioxid durch die Verbindung des im Papier enthaltenen Kohlenstoffes mit Sauerstoff. Durch die Ausdehnung der Gase beim Erhitzen und das Zusammenziehen beim Erkalten verringert sich der Luftdruck im Glas. Luft will von draußen in das Glas strömen und zieht so das Wasser ins Glas.

8. Teekessel

1. Takt
Erklärung: 1. Feingefühl
2. Ton- und Zeitmaß

2. Bart
Erklärung: 1. männliche Gesichtsbehaarung
2. Teil des Schlüssels

3. Essen
Erklärung: 1. Stadt im Ruhrgebiet
2. Nahrungsaufnahme

4. Empfang
Erklärung: 1. Empfang einer Ware, eines Geschenks usw.
2. feierliche gesellschaftliche Veranstaltung

5. Geschichte
Erklärung: 1. politische oder kulturelle Entwicklung, Folge von Ereignissen
2. Erzählung, Bericht

6. Hörer
Erklärung: 1. Zuhörer, z.B. im Hörsaal
2. Telefonhörer

7. Operation
Erklärung: 1. medizinischer Eingriff
2. militärischer Auftrag

8. Schimmel

Erklärung: 1. weißes Pferd
2. Schimmelpilz

9. Plastik

Erklärung: 1. Kunststoff
2. Kunstobjekt aus Stein oder Ton

10. Devise

Erklärung: 1. ausländisches Zahlungsmittel
2. Wahlspruch, Motto

11. Schicht

Erklärung: 1. Früh- oder Spätschicht bei der Arbeit
2. Gesellschaftsschicht
3. übereinander gelagerte Schichten, z.B. Gesteinsschichten

12. Schloss

Erklärung: 1. fürstliches Wohngebäude
2. Vorrichtung zum Versperren von Türen

13. Schlange

Erklärung: 1. Reptil
2. Menschenschlange, z.B. Schlange stehen

14. Kluft

Erklärung: 1. Abgrund, Felsspalte
2. Uniform, Einheits-Look

15. Pferd

Erklärung: 1. Turnierpferd beim Springreiten
2. Turngerät

16. Hahn

Erklärung: 1. männliches Huhn
2. Zapfhahn

17. Muster

Erklärung: 1. Vorlage, z.B. Schnittmuster
2. Zeichnung, Design eines Stoffes, z.B. Blumenmuster

18. Note

Erklärung: 1. Zensur
2. musikalische Einheit

19. Aufgabe

Erklärung 1. etwas aufgeben
2. eine Aufgabe übernehmen

20. Ente

Erklärung: 1. Wasservogel
2. falsche Meldung in den Medien

21. Feder

Erklärung: 1. Teil des Vogelgefieders
2. Schreibgerät
3. Metallfeder

22. Rat

Erklärung: 1. Vorschlag, Ratschlag
2. Körperschaft, z.B. Stadtrat

23. Amt

Erklärung: 1. ein Amt bekleiden
2. Sozialamt, Gewerbeaufsichtsamt usw.

24. Schalter

Erklärung: 1. Vorrichtung zum Ein- oder Ausschalten von Geräten
2. Stelle, an der Kunden bedient werden, z.B. in der Post

25. Bahn

Erklärung: 1. Eisenbahn, Bergbahn usw.
2. Eisbahn, Go-Kart-Bahn usw.

26. Bienenstich

Erklärung: 1. Insektenstich
2. Kuchensorte

27. Los

Erklärung: 1. Teilnahmeschein an der Lotterie, Gewinnlos
2. Schicksal, Geschick

28. Kanal

Erklärung: 1. künstlicher Wasserlauf
2. Frequenzbereich, auf dem gesendet wird, z.B. Fernsehkanal

29. Bank

Erklärung: 1. Sitzgelegenheit
2. Geldinstitut

30. Kreis

Erklärung: 1. Gruppe von Personen mit gleichen Interessen, z.B. Bastelkreis
2. Verwaltungsbezirk, z.B. Landkreis
3. geometrische Figur

31. Maus

Erklärung: 1. kleines Säugetier
2. Vorrichtung am Computer zum Bewegen des Cursors

32. Orden

Erklärung: 1. religiöse Gemeinschaft
2. Auszeichnung, die für bestimmte Verdienste verliehen wird

33. Drache

Erklärung: 1. Papierdrache
2. Fabelwesen

34. Ausschuss

Erklärung: 1. Gruppe von Personen, die eine bestimmte Aufgabe zu erfüllen hat, z.B. in der Politik
2. minderwertige Ware

35. Karte

Erklärung: 1. Landkarte, Straßenkarte
2. Spielkarte

36. Fliege

Erklärung: 1. Insekt
2. Schleife, die man statt einer Krawatte tragen kann

37. Gehalt

Erklärung: 1. Arbeitslohn
2. Konzentration eines bestimmten Stoffes, z.B. Alkoholgehalt

38. Gegenwart

Erklärung: 1. die Zeit, in der wir augenblicklich leben
2. Anwesenheit einer Person

39. Panzer

Erklärung: 1. dicke Hautschicht, z.B. der Schildkröte
2. militärisches Fahrzeug

40. Kiefer

Erklärung: 1. Nadelbaum
2. Knochen, die die Mundhöhle bilden

41. Preis

Erklärung: 1. Preis einer Ware in einem Laden
2. Auszeichnung

42. Instrument

Erklärung: 1. Gerät für wissenschaftliche Arbeiten, z.B. Messinstrument
2. Musikinstrument

43. Tonne

Erklärung: 1. Behälter, z.B. Metalltonne
2. Gewichtseinheit

44. Motiv

Erklärung: 1. Grund, warum ein Mensch etwas tut
2. Element, das sich durch ein künstlerisches Werk zieht und in verschiedenen Variationen erscheint

45. Schiff

Erklärung: 1. Fahrzeug zur Fortbewegung auf dem Wasser
2. Kirchenschiff

46. Verfassung

Erklärung: 1. geistiger, seelischer oder körperlicher Zustand des Menschen
2. Gesetzessammlung eines Staates, die die Rechte und Pflichten der Bürger festlegt

9. Ratekrimis

1. Der Zechpreller

Fritz Frei behauptet zunächst, noch nie in Neustadt gewesen zu sein. Trotzdem weiß er, dass das Wirtshaus dort „Grüner Baum" heißt. Irgendetwas stimmt an seiner Geschichte also nicht.

2. Autokauf

Nepp hat auf dem Kaufvertrag offensichtlich das „l" von Juli in ein „n" umgewandelt, dabei aber nicht bedacht, dass der Monat Juni nur 30 Tage hat.

3. Stromausfall

Wenn die ganze Straße, also auch Kommissar Schnüffels Haus, keinen Strom hat, so würde die Türklingel gar nicht erst funktionieren. Das hätte ein Elektriker ja wohl wissen müssen.

4. Der Augenzeuge

Fritz Fuchs hat die Farbe des Jacketts nie erwähnt. Trotzdem wusste Heinz Heimlich, dass es sich um eine grüne Jacke handelte.

5. Erpressung

Max Klein sprach in seiner Nachricht nur Frau Großkopf an. Er wusste also, dass Herr Großkopf nicht mehr zu Hause war und deshalb nur seine Frau am Telefon sein konnte.

6. Überfall

Max Made behauptet, den Namen Bräu nie gehört zu haben. Trotzdem weiß er, dass Bräus Vorname Bert lautet, obwohl Kommissar Schnüffel dies ihm gegenüber nicht erwähnt hat.

7. Mord bei Tagesanbruch

Steins Schwester hat den Mord begangen, denn sie wusste, dass die Schüsse aus einem Revolver stammten.

8. Fahrraddiebe

Susi behauptet, zwei lange Schatten gesehen zu haben. Da der Diebstahl aber um zwölf Uhr mittags geschah, können die Schatten der Diebe nicht lang gewesen sein.

9. Der Straßenkehrer

Wenn der junge Mann wirklich schon eineinhalb Stunden arbeitete, dürfte seine Schokolade bei der großen Hitze, auf die immer wieder hingewiesen wird, schon ziemlich aufgeweicht sein. Er hat also offensichtlich gelogen.

10. Drei todsichere Alibis

Das Alibi von Max Made scheint doch nicht ganz hieb- und stichfest zu sein. Er behauptet, im Kino neben einer dreiköpfigen Familie gesessen zu haben. Laut Kinokarte hatten er und seine Frau aber die Plätze drei und vier, es konnten also höchstens zwei Personen neben ihnen gesessen haben.

11. Der Lebenslauf

Der Bewerber ist laut seinem Geburtsdatum 36 Jahre alt. Rechnet man jedoch seine bisherigen Berufserfahrungen zusammen, kommt man auf ein Alter von 37 Jahren. Irgendwo muss Martin Meier also geschwindelt haben.

10. Pass-auf-Geschichten

1. Der Alptraum (1)
Es wäre am besten, wenn Herr Schmidt so schnell wie möglich aus seinem Alptraum erwachen würde.

2. Ebbe und Flut
Überhaupt nicht, denn das Schiff steigt mit der Flut!

3. An der Nordseeküste ...
Der Däne hat gelogen, denn Hechte sind Süßwasserfische.

4. Der Langschläfer
Leider nur eine Stunde, denn sein Wecker läutet bereits um 21 Uhr!

5. Postprobleme
Da Professor Siebengescheit den Briefkastenschlüssel an seine eigene Adresse geschickt hat, befindet sich dieser nun ebenfalls in dem Briefkasten, den seine Haushälterin nicht öffnen kann.

6. Archäologenlatein
Der Museumsleiter weiß, dass es keine Zeitangabe „78 v. Chr." geben kann.

7. Busfahrt
Der Bus hat insgesamt sechsmal angehalten.

8. Die Wettervorhersage
Der Wetterbericht behauptet, dass in 72 Stunden wieder die Sonne scheine. In 72 Stunden ist aber wieder Mitternacht!

9. Der Nachtwächter

Der Geschäftsmann ist dem Nachtwächter natürlich dankbar, dass er ihm das Leben gerettet hat, daher auch die Belohnung. Andererseits hat der Nachtwächter zugegeben, nachts von dem Unglück geträumt zu haben, also während er eigentlich seinen Dienst ausüben sollte! Deshalb entlässt ihn der Geschäftsmann.

10. Scherben bringen Glück

Dreibeinige Tische können nicht wackeln.

11. Der Alptraum (2)

Wenn Frau Huber wirklich in dem Moment gestorben ist, in dem ihr Mann sie wachrüttelte, so kann wohl niemand wissen, was sie zuvor geträumt hatte.

12. Der Ballonwettbewerb

Die Flugrichtung der anderen Ballons zeigt deutlich, dass am Tage des Wettbewerbs der Wind aus Osten gekommen sein muss. So kann ein Ballon kaum von München nach Prag geflogen sein. Der Absender der Postkarte muss also geschummelt haben.

11. Rätselgeschichten

1. Der Bestseller

Die zweite Frau ist Schriftstellerin und hat das Buch selbst geschrieben.

2. Autodiebstahl

Es ist sein eigenes Auto.

3. Wolkenbruch
Herr Schmidt hat eine Glatze.

4. Buchübergabe
Die Frau bringt ein überfälliges Buch in eine Leihbücherei zurück.

5. Flucht
Der Bankräuber ruft einfach „Feuer, Feuer!" Daraufhin bricht Panik unter den Zuschauern aus und er kann in dem Trubel unbemerkt das Kino verlassen.

6. Reifenwechsel
Er schraubt an den anderen drei Rädern je eine Mutter ab und bringt sie am vierten Rad an.

7. Die Fahrt im Aufzug
Der Mann ist Liliputaner und kann im Aufzug den Knopf für das 27. Stockwerk nicht erreichen. Auf dem Nachhauseweg hat er dagegen keine Probleme.

8. Die Spieler
Die vier Männer sind Musikanten.

9. Der Briefmarkensammler
Der Mann besitzt noch eine zweite solche Briefmarke. Indem er die eine vernichtet, erhöht er den Wert der anderen.

10. Todesurteil
Der junge Mann vermutet, dass sich in beiden Kästchen Kieselsteine befinden. Schluckt er nun den von ihm gewählten Kieselstein sofort hinunter, bleibt dem grausamen Herrscher nichts anderes übrig, als

das zweite Kästchen zu öffnen, um zu erfahren, was der junge Mann gewählt hat. In diesem Kästchen befindet sich wiederum ein Kieselstein, der junge Mann kann also behaupten, er habe den Diamanten verschluckt und muss daraufhin freigelassen werden.

11. Merkwürdige Autofahrt
Der Mann hatte den Rückwärtsgang eingelegt.

12. Einbahnstraße
Der LKW-Fahrer war zu Fuß unterwegs.

13. Mühle
Die beiden Mühlespieler spielen nicht gegeneinander.

14. Notoperation
Das Mitglied des Operationsteams ist die Mutter des verletzten Mädchens.

15. Glücklich
Die Frau hat gerade geheiratet.

16. Entführung
Der Mann war in einem Fahrstuhl gefangen.

17. Die Geburtstagsfeier
Das Restaurant befindet sich an Bord eines Kreuzfahrtschiffs. Die Gäste leiden an der Seekrankheit.

18. Der Golfspieler
Der Golfspieler zündet die Papiertüte an, wartet bis sie verbrannt ist und spielt dann ganz normal weiter.

19. Merkwürdige Bahnfahrt

Fritz Fleißig hat seinen Söhnen versprochen, mit ihnen eine Achterbahnfahrt zu machen. Deshalb war ihm etwas mulmig.

12. Streichholz- und Münzspiele

1. Aus einem werden drei

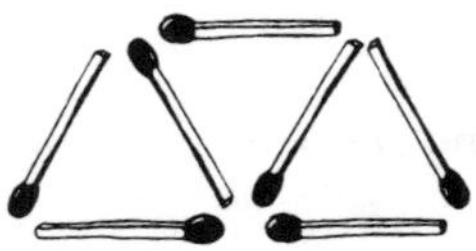

2. Aus vier mach drei

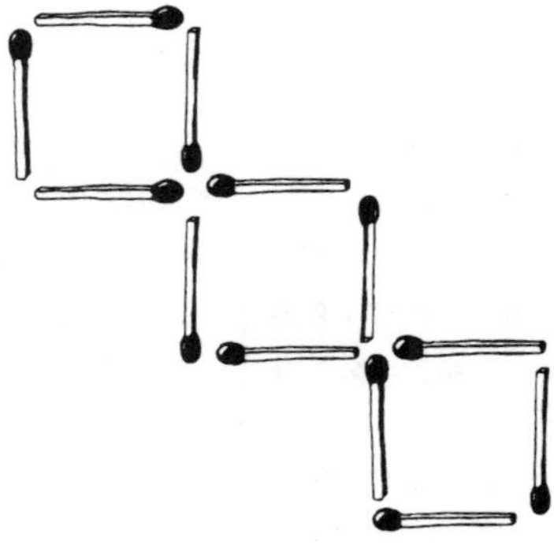

3. Drei Quadrate

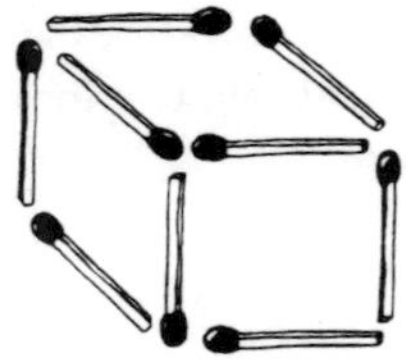

4. Neun

5. Steichholzgleichung (1)

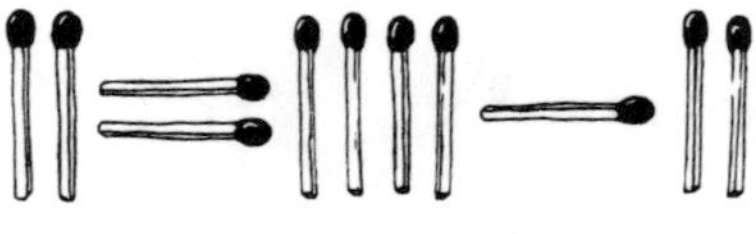

6. Streichholzgleichung (2)

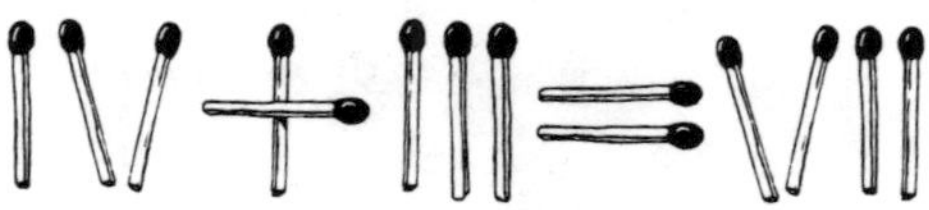

7. Streichholzgleichung (3)

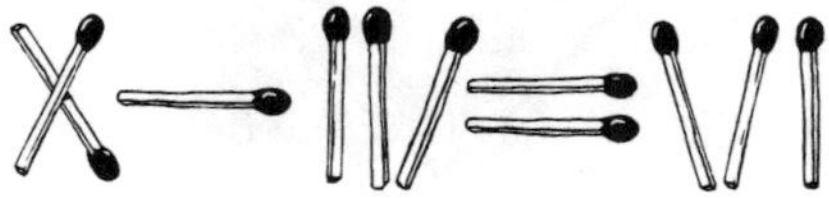

8. Aus vier mach zwei

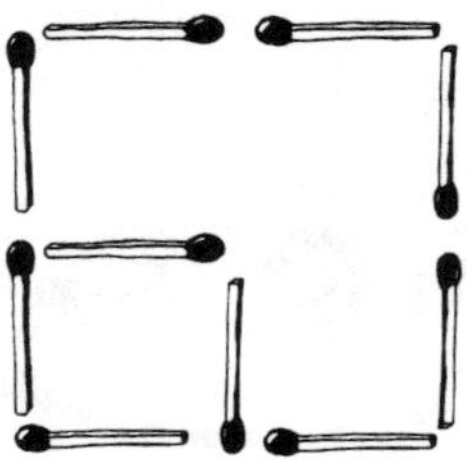

9. Tausend

Im römischen Zahlensystem steht der Buchstabe „M" für Tausend.

10. Pyramide

11. Verbindung

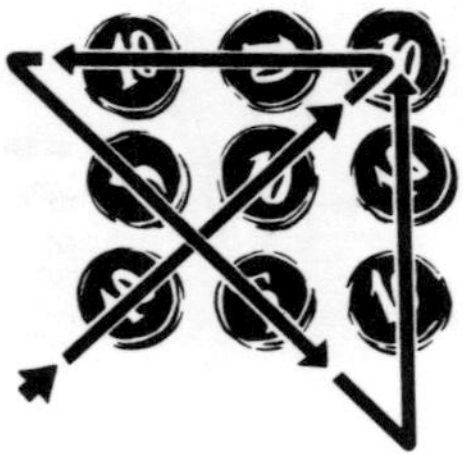

12. Die dunkle Münze

Man muss nur eine der beiden hellen Münzen umlegen.

13. Der Stern

14. Das Gitter

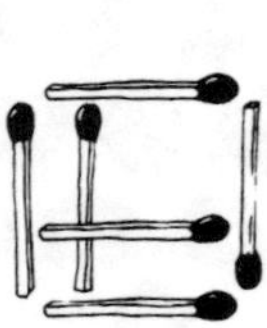

15. Das Kreuz

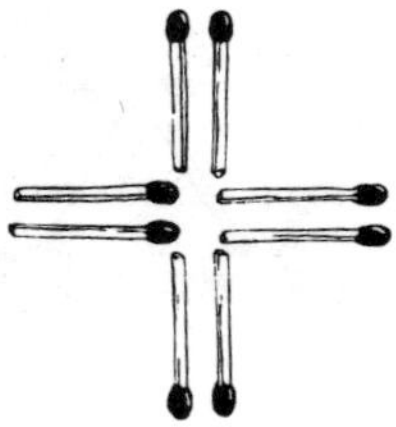

16. Fünf Quadrate

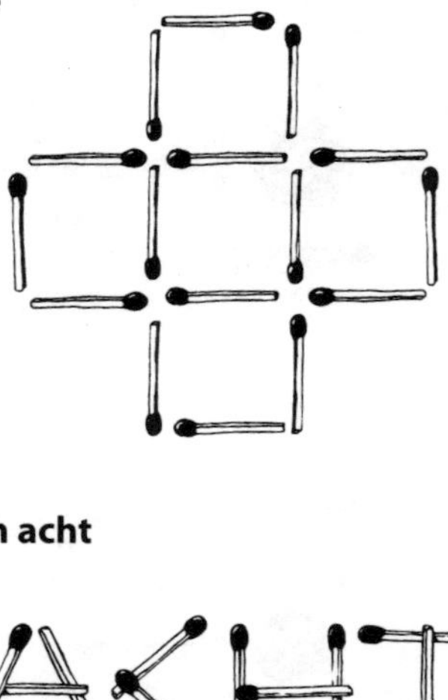

17. Aus zehn mach acht

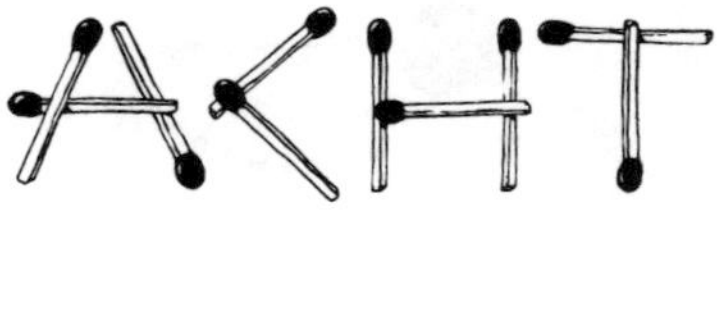

18. Das Ei

19. Vier Dreiecke

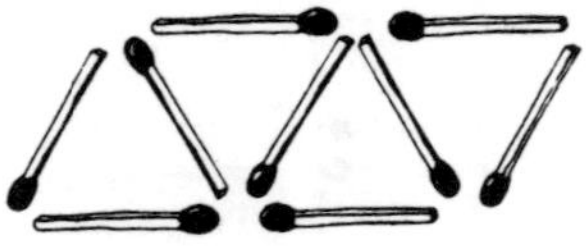

20. Die Schaufel

1.

2.